W0068251

Angela Eßer (Hrsg.)

Mordsappetit

Kulinarische Krimis aus Bayern

Krimianthologie

ars vivendi

Originalausgabe

Erste Auflage Oktober 2012
© 2012 by ars vivendi verlag
GmbH & Co. KG, Cadolzburg
Alle Rechte vorbehalten
www.arsvivendi.com

Lektorat: Stephan Naguschewski
Umschlagsgestaltung: ars vivendi verlag unter Verwendung
einer Illustration von Svetlana Handschuh
Druck: CPI Ebner & Spiegel, Ulm

Printed in Germany

ISBN 978-3-86913-174-0

Mordsappetit

Mordsmenü

Aperitif

Vorspeisen

Hauptspeisen, Teil 1

Zwischengerichte

Hauptspeisen, Teil 2

Nachspeisen

Digestif

Aperitif

Leonhard Michael Seidl
Ein Hugo kommt selten allein

Bei einem Hugo wart ich
und denk dabei nur an dich.
Trink doch mal einen Gspritzten,
sagen die ganz Gewitzten.
Oder den Aperol,
den finden viele toll –

Am vierten Hugo nipp ich
und wart dabei nur auf dich.
Probier doch den Bellini
oder was vom Rossini,
in jeder Cocktail-Bar
da schmeckt es wunderbar –

Beim siebten Hugo schwitz ich,
und langsam werd ich hitzig.
Ich schau auf meine Uhr,
wo bleibt die Dame nur?
Vielleicht liegt sie am Strand,
ein Sektglas in der Hand –

Mit wem sie mich betrügt,
seh ich auf einen Blick:
Der Bursche nennt sich Hugo,
wahrscheinlich kann er Judo,
wahrscheinlich ist er fit,
da komm ich nicht mehr mit –

Der Kerl ist mir zuwider,
den knall ich eiskalt nieder.
In seinem Bauch, da klafft ein Loch,
man glaubt es nicht und sieht es doch.
Da ist kein Blut, da ist kein Schleim:
der Saft, das muss ein Hugo sein!

Hollersirup

Zubereitung

Das Wasser mit dem Zucker aufkochen, erkalten lassen. In diese
Zuckerlösung den Saft und dann
die Schale der Zitronen sowie die
Holunderblüten und die Weinsäure geben. Alles offen drei
Tage ziehen lassen (ab und zu
mit einem Holzlöffel umrühren),
danach abseihen und in saubere
Schraubflaschen abfüllen. Den
Hollersirup nicht pur trinken,
sondern mit Mineralwasser, Sekt
oder Bier mischen.

Zutaten

5 l Wasser
1 kg Zucker
3 ungespritzte Zitronen
7–10 schöne Holunder-
blüten
30 g Weinsäure
(Apotheke)

»Hugo«

Zubereitung

Minzblätter in ein bauchiges Weinglas geben. Die Blätter mit dem Mörser etwas andrücken. Eine Limettenscheibe und Eis dazu. Dann mit Prosecco, Mineralwasser und Holunderblütensirup auffüllen.

Zutaten

für ein Glas
3 Blätter Minze
1 Limettenscheibe
Eis (am besten
Crushed Ice)
150 ml Prosecco
100 ml Mineralwasser
mit viel Kohlensäure
2 cl Holunderblütensirup

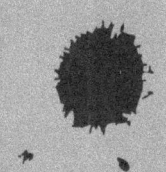

Vorspeisen

Michael Gerwien
Von Äpfeln und anderen Sünden

»Nun stopf dich doch nicht schon wieder voll!« Wenn Gerlinde etwas nervte, dann waren es Rigoberts unentwegte Unbeherrschtheit und Inkonsequenz. »Mach lieber mal Sport!«

Draußen zeigte sich das Allgäu um Füssen herum von seiner schönsten Seite. Blauer Himmel, strahlender Sonnenschein und ein paar flaumige, weiße Schönwetterwolken. Doch anstatt mit ihr zum Baden die paar Meter zum Forggensee hinüberzuradeln, hatte ihr übergewichtiger Freund nichts Besseres zu tun, als schon wieder auf seinem Lieblingsplatz zu stehen, der kleinen weißen Fliesenfläche vor dem riesigen, nagelneuen Kühlschrank, den Rigobert neulich im Internet bestellt hatte. Sie fand das Ding einfach nur abgrundtief hässlich.

Rigobert dagegen war nichts als glücklich über seine Anschaffung. Der silberfarbene amerikanische Monogramm Giants 42 SS passte seiner Meinung nach optisch ganz wunderbar zu der sechs Meter langen, weißen Küchenzeile und dem vier Meter langen, hellen Eichenesstisch, dem bisherigen Prunkstück der großzügigen Atelierwohnung, die sie seit zehn Jahren gemeinsam bewohnten. Außerdem hatte der selbstständig daheim arbeitende Programmierer unbedingt dieses Modell mit dem geräumigen Tiefkühlfach gewollt, damit er nicht ständig die Treppen hinauf und hinunter zum Einkaufen rennen musste. Vier Stockwerke waren für jemanden, der ständig vor dem Computer saß und ein paar Kilo mehr als der Durchschnitt auf die Waage brachte, schließlich kein Pappenstiel.

Seit einer Woche war es nun endlich so weit. Alles, was das Herz begehrte, lag und stand sorgfältig aufgereiht und gestapelt auf den sauber polierten Glasplatten, im Gemüsefach und in der Innenseite der Tür. Milch und Brühe für Rigoberts Lieblingsspeise Nummer eins, Flädlesuppe. Das Mehl hierfür hatte er in dem fast deckenhohen Regal neben der Anrichte verstaut. Des Weiteren lagen Innereien, Presssack und diverse Würste vom besten Füssener Metzger im Moni, wie Rigobert den gigantischen Monogramm Giants 42 SS liebevoll getauft hatte, gleich nachdem er vom Lieferanten angeschlossen worden war. Rigobert würde aus diesen Zutaten seine zweite und dritte Allgäuer Leibspeise nach der täglich obligaten Flädlesuppe zubereiten: Lumbasuppe und Kuttla. Zusätzlich zu den Zutaten für die heimatlichen Gerichte tummelte sich im Moni aber auch eine große Auswahl feinster italienischer Salami, Süßspeisen, Käse für Kässpatzen und Käsesuppe, Käse für aufs Brot, verschiedene Getränke, Gemüse und diverse Obstsorten für Gerlinde sowie eine gehörige Anzahl an tiefgefrorenen Pizzas und T-Bone-Steaks aus dem Umland. Würden Gerlinde und er von heute an hier drinnen wegen einer Belagerung ausharren müssen, zum Beispiel durch eine Horde wildgewordener Veganer, dann könnten sie mit seinen Vorräten bestimmt drei bis vier Monate durchhalten.

»Ich stopf mich nicht voll!« Wenn Rigobert etwas wirklich hasste, dann waren es ungefragte Einmischungen in sein Leben und seinen Magen. Mit welchem Recht bildete sich dieser dürre Floh vor ihm seit Jahren nur immer wieder ein, ihn bevormunden zu dürfen? Schließlich war er derjenige, der das Geld herbeischaffte. Daran änderte auch ihre seiner Meinung nach völlig alberne Ausbildung zur Yogalehrerin, die sie letzten Sommer abgeschlossen hatte, nichts.

»Und was, bitte schön, hältst du dann da in der Hand?«

Der Inquisition entging nichts.

»Das ist ein Apfel. Nur ein lächerlicher Apfel. Ein Apfel macht nicht dick. Der hat Vitamine und ist sehr gesund. *An apple a day keeps the doctor away*, sagen die Engländer, warum soll ich da nicht auch gesund sein?« Er hob den verführerisch glänzenden »Schönen aus Boskop« zum Mund und biss herzhaft hinein. Okay, er hatte Übergewicht, zugegeben. Aber das war noch lange kein Grund, ihm ständig predigen zu müssen, wie er zu leben, zu essen, auszusehen und zu trinken habe. Der reinste Terror. Beziehungen waren schon aus harmloseren Gründen wieder auseinandergegangen.

»Es ist eben gar nicht gesund, wenn man andauernd irgendwas in sich reinfrisst! Die Bauchspeicheldrüse muss sich irgendwann auch mal erholen, sonst geht sie ganz schnell kaputt, sagt Emmy.«

Gerlinde verdrehte genervt die himmelblauen Augen und schüttelte ihren schwarzen Pagenkopf, während sie ungeduldig aufstöhnte. Zu oft hatten sie diese immer gleiche Diskussion gehabt, und immer war es am Ende das gleiche Ergebnis gewesen: Rigobert futterte den ganzen Tag unentwegt weiter, um ihr dann am späten Abend vor dem Zubettgehen ausgiebig von seinem Übergewicht vorzujammern. Sogar seinen Freunden am Stammtisch im *Franziskanerstüberl* erzählte er jedes Mal, dass er eigentlich zu schwer sei und jetzt aber wirklich bald mal abnehmen müsse. Sie kannte die gesamte Litanei längst auswendig und hatte sie gründlich satt. Gefühlte hunderttausend Mal hatte er ihr bereits die großartige Erkenntnis offenbart, dass am Ende das Übergewicht wohl doch auf die Gelenke und aufs Kreuz gehe, und das wolle er auf gar keinen Fall. Gerade weil es da schon öfter solche Fälle gegeben habe, bei denen der langjährig Übergewichtige spätestens im Alter bloß noch im Rollstuhl oder mit so einer komischen Gehhilfe daherkommen könne. Wer wolle so enden? Aber ihm würde andererseits alles einfach immer dermaßen gut schmecken. Man denke da bloß mal an eine schöne Portion Kässpatzen mit gerösteten Zwiebeln. Da könne er sich halt einfach nicht ununterbrochen kasteien und quasi bloß noch von Wasser und Luft und täglich einer alten Semmel leben. Im besten Fall vielleicht noch mit einem Salatblatt garniert. Oder einer Orangenspalte. Außerdem seien diese krassen Diäten überhaupt nicht gesund, weil der Körper sich dabei ständig selbst vergifte. Das könne man jederzeit in jedem ärztlichen Fachmagazin nachlesen. Noch dazu seien, bei so einer Nulldiät zum Beispiel, auch schon etliche Leute gestorben. Und sterben wäre dann wohl doch wirklich noch ein ganzes Stück schlimmer als, jetzt auch bloß mal zum Beispiel, in einem Rollstuhl mit Elektromotor zum Stammtisch zu fahren. Da gebe es übrigens schon total moderne, sehr funktionelle Modelle, die auch noch super aussähen. Vom ganzen Design her.

»Aber ich fresse doch gar nicht andauernd etwas in mich rein«, erwiderte er jetzt. »Ich arbeite hart, und ab und zu hole ich mir einen Snack. Was ist dagegen auszusetzen? Außerdem verbitte ich mir solche Ausdrücke. Wenn, dann esse ich. Und was will deine geliebte Emmy als Ober-Yogalehrerin, oder wie sich das nennt, eigentlich groß über gesunde Ernährung wissen? Die stopft doch selbst andauernd nur alle möglichen Schokoriegel in sich rein.«

Rigobert biss erneut herzhaft in das weiße Fruchtfleisch des Apfels in seiner Hand, dass der Saft nur so zur Seite spritzte. Herrje. Immer war es dasselbe. Kaum ging er nur eben kurz zum Kühlschrank, um sich einen winzigen Bissen zu holen, schon stand die vom Joggen durchtrainierte, schlanke Gerlinde neben ihm und fing irgendeine saublöde Diskussion übers Essen oder Trinken an. Woher wusste sie eigentlich immer so genau, wann er sich etwas zu essen holte? War das Telepathie? Oder hörte sie selbst im Badezimmer unter der Dusche noch seine Schritte und das so gut wie unhörbare, vornehme Geräusch, das die Tür seines modernen amerikanischen Kühlaggregates machte, wenn man sie öffnete? Und dann kam sie ihm jedes Mal auch noch mit den supergescheiten Ratschlägen ihrer superschlauen Freundin Emmy, dieser abgehobenen Esoteriktante, die sich ganz bestimmt nicht auf Diäten spezialisiert hatte. So viel war schon mal sicher bei ihrem breiten Hintern.

Zu seinem Glück ging es im Moment nur um einen Apfel, dessen zahlreiche Vorteile von einem einigermaßen aufgeklärten, modernen Menschen nicht von der Hand zu weisen waren. Ein Wurst- oder Käsebrot oder gar ein Sahnepudding oder Kuchenstück aus dem Supermarktregal hätten erfahrungsgemäß einen weitaus gewaltigeren Sturm der Entrüstung bei seiner zierlichen Freundin ausgelöst. Daran, welches Theater sie erst aufführen würde, wenn er es jetzt vielleicht auch noch gewagt hätte, sich hier in der Wohnung eine schöne, dicke Zigarre anzuzünden, wollte er gar nicht denken. War er eigentlich ein Weichei? Oder blöd?

»Im Grunde genommen genügen ein Apfel, ein Ei und ein Joghurt am Tag. Recht viel mehr braucht der Körper in deinem Alter gar nicht. Das reicht total, sagt Emmy. Und ich glaube ihr das auch.« Bei ihrem Lieblingsthema ließ sich Gerlinde von keiner gegenteiligen Meinung beirren. Und ihre Emmy ließ sie sich schon gar nicht schlecht reden. Egal von wem.

»Ja, von wegen. Nichts weiß sie, deine Emmy. Gar nichts«, protestierte Rigobert, dem langsam der Geduldsfaden zu reißen begann, was ihm zeigte, dass er doch kein Weichei war. Zumindest auf jeden Fall kein weiches Weichei. Eher ein ziemlich hartes. »Das hab ich dir doch gerade eben schon gesagt«, fuhr er mit erhobener Stimme fort. »Die weiß von Ernährung genauso viel oder wenig wie jeder andere, der Bücher oder Zeitung lesen kann. Oder fernsehen. Sonst weiß sie gar nichts übers Essen. Da kann sie zehnmal Ober-Yogalehrerin sein. Und außerdem, was heißt hier ›in deinem Alter‹? So alt bin ich ja wohl auch wieder noch nicht. Oder? Aber gut. Wie du meinst.« Ein provokantes Grinsen huschte über sein für Rothaarige so typisch hellhäutiges, von Sommersprossen übersätes Gesicht. »Den Apfel hätte ich ja dann schon, fehlen mir bloß noch der Joghurt und das Ei!«

Das hätte er besser nicht gesagt. Wenn man sowieso schon auf dünnem Eis stand, hielt man vernünftigerweise zunächst einmal kurz inne und begann anschließend vorsichtig mit dem Rückzug ans rettende Ufer. Da schlug man nicht noch absichtlich dicke, ironische

Löcher ins gefrorene Nass, die in der Folge nichts anderes als den sicheren Untergang bedeuten mussten.

»Ein Apfel, ein Ei und ein Joghurt!« Gerlinde wurde ebenfalls laut. Ihr Gesicht lief rot an. »Und nicht drei Äpfel, ein halber Liter Rahmjoghurt plus vier fett belegte Wurstbrote und sechs ölige Spiegeleier mit Speck und einem halben Pfund Emmentaler zum Frühstück! Und danach noch eine Bratwurst! Verdammt noch mal!«

Aufgeregt schnappte sie nach Luft. Die Aufzählung hatte sie mehr Energie gekostet, als sie heute Morgen mit ihrem bunten Körnerallerlei zu sich genommen hatte. Das Einzige übrigens, was sie bis hierhin am heutigen Tage gegessen hatte.

»Ach, du hast wohl schon wieder genau mitgezählt, ja? Na, dann vergiss aber bloß nicht die 13 Bier zu den zehn Schnitzeln mit Pommes heute Mittag und die Doppelportion Milchreis mit Marmelade danach.« Rigobert konnte sich nur noch in den blanken Sarkasmus retten. Warum schmeiß ich sie nicht einfach raus?, fragte er sich. Soll sie doch ihre bescheuerte Emmy vollsülzen. »Das hab ich nämlich alles auch noch mit Absicht in mich reingestopft, nur damit du noch mehr zum Mitzählen hast. Ist das nicht nett von mir?«, provozierte er weiter.

»Ach, friss doch einfach weiter rein in deine fette Wampe. So viel du willst und was du willst.« Gerlinde schüttelte mit anklagender Resigniertheit den Kopf. »Aber komm mir bloß nie wieder mit deiner ewigen Jammerarie, von wegen, du seist zu dick und du müsstest jetzt aber total ehrlich und total dringend mal abnehmen«, fuhr sie fort. »Verschon mich bitte auf alle Zeiten damit und mach das ganze Thema endlich alleine mit dir selbst ab. Okay?«

Ihre hohe Stimmlage zerrte an seinen Nerven.

»Gerne! Aber bloß, wenn du dann auch endlich damit aufhörst, hier herumzubrüllen.« Er war kaum noch zu verstehen, weil er den ganzen Mund mit Spucke und Apfelfleisch voll hatte.

»Ach, du machst es also wirklich mit dir selbst ab? Sehr interessant. Warum kann ich das bloß nicht glauben?« Sie verschränkte energisch die Arme vor ihrer Brust und blickte ihn abwartend an.

»Keine Ahnung. Das musst du selbst herausfinden. Aber wenn du jetzt nicht mit der Streiterei aufhörst, überlege ich mir ernsthaft, ob ich dich vor die Tür setze.« Seine Stimme überschlug sich. »Dann musst du mich nicht mehr essen sehen, und ich hab vielleicht endlich mal so viel Ruhe und Frieden im Leben, dass ich mich nicht andauernd mit Essen vollstopfen muss, um den ganzen Stress zu ertragen!« Der dicke und normalerweise eher gleichmütige Rigobert warf aufgebracht den Apfelbutzen in den Mülleimer und wischte sich die linke Hand, mit der er ihn die ganze Zeit über gehalten hatte, an seiner ausgebeulten schmuddeligen Trainingshose ab.

»Was? Du willst mir drohen? Du mir?« Gerlinde riss entsetzt die Augen auf. »Das machst du nicht zweimal. Dann trennen wir uns. Mir reicht es sowieso schon lange. Ich ziehe wieder zu meiner Mutter auf den Hof. Und zwar auf der Stelle!« Sie war inzwischen zur Wohnungstür hinübergegangen. Wutschnaubend legte sie ihre Hand auf den Griff.

»Du ziehst zu deiner Mutter? Witzig, Gerlinde! Sauwitzig! Weil, wenn hier überhaupt irgendjemand zu deiner Mutter zieht, dann bin doch wohl ich es!« Rigobert setzte einen überlegenen Blick auf, während er gekonnt seinen letzten und alles entscheidenden Trumpf ausspielte. Schritt für Schritt näherte er sich ihr währenddessen. »Schließlich bin ich der Einzige, der ihren fetten Schweinsbraten und ihre ungesunden Sahnetorten zu schätzen weiß. Du glaubst doch nicht im Ernst, dass bei deiner Mutter irgendwer wohnen kann, der täglich bloß einen Joghurt, ein Ei und einen Apfel zu sich nimmt? Da lach ich doch! Die ruft doch nach dem ersten Tag schon den Notarzt und nach einer Woche die Jungs im weißen Kittel.«

»Weißt du was, Rigobert. Du bist mir ab sofort scheißegal. So, da hast du es.« Auch Gerlinde zog ihr letztes Ass, die Androhung totaler Gleichgültigkeit. »Und hau dir doch am besten auch gleich noch einen supergroßen Eimer Vanilleeis rein und hinterher vielleicht noch ein paar Zentner Nudeln und ein Riesenschnitzel vom Elefanten mit einem Berg Pommes, so hoch wie der Kilimandscharo. Dann kannst du dir bald vor lauter Fett nicht mal mehr einen blasen lassen, weil niemand mehr an dein Ding kommt, du jämmerlicher Schlappschwanz, du jämmerlicher.«

Rigoberts Gesicht verzerrte sich zu einem irren Grinsen. Er betrachtete kurz die Bratpfanne in seiner Hand, die er gerade aus einem Impuls heraus vom Tisch genommen hatte, während er zu ihr hinübergegangen war. Dann sah er wieder auf, grinste noch ein Stück irrer, holte aus und schlug zu. Immer wieder. Bis Gerlinde sich nicht mehr rührte.

Anschließend ließ er die blutige Pfanne fallen und setzte sich an den Esstisch. »Das hast du jetzt von deiner Meckerei«, murmelte er währenddessen, ohne sie anzusehen.

Verdammt, was mache ich jetzt bloß mit ihr?, fragte er sich, nachdem er eine Weile dumpf vor sich hingebrütet hatte. Ins Gefängnis gehe ich wegen der blöden Kuh sicher nicht. Ach, ich weiß schon. Er atmete erleichtert auf, als sein Blick an der schweren Tür des silberfarbenen Monogramm Giants 42 SS hängen blieb.

Wenn man ein paar Tage später ganz genau in diesen hineinsah, entdeckte man einige große geschlossene Tupperwareschachteln zusätzlich darin. Vor allem im Tiefkühlfach.

Rigobert genoss gute zwei Wochen lang sein Talent als Problemlöser. Dann begann ihm die ganze Sache letztlich doch noch auf den Magen zu schlagen. Selbst die leckeren Steaks und die köstlichen Schweinefilets aus dem Moni wollten ihm auf einmal nicht mehr so recht schmecken. Allein die Vorstellung, sie anzufassen, erzeugte Ekel in ihm. Das Zeug musste weg. Und zwar alles. So viel war sicher. Nach eingehender Analyse der Lage wusste er, dass ihm wohl nichts anderes übrig blieb, als die insgesamt bestimmt 70 Kilo gemischtes Fleisch möglichst diskret in kleinen Portionen zu Fuß und per Hand aus seiner Wohnung im vierten Stock zu entsorgen.

»Sogar jetzt macht sie einem noch Ärger«, motzte er vor sich hin, während er den ersten Müllsack nachts um eins durch das Treppenhaus zur Straße hinuntertrug. Dort angekommen verstaute er den blauen Plastikbeutel im Einkaufskorb seines alten Fahrrads und strampelte ächzend und schnaufend damit durch die Dunkelheit vor die Tore der Stadt.

Nachdem er einen Monat später all seine Fleischvorräte endgültig auf 40 verschiedene Müllcontainer im malerischen Umkreis von Füssen verteilt hatte, bemerkte er bei der Rückkehr nach Hause eine nie gekannte Leichtfüßigkeit beim Treppensteigen. Und er kam nicht mehr so schnell außer Atem wie vor seiner ›Fleisch-zurück-aufs-Land-Aktion‹. Das fiel ihm auch noch auf.

Allgäuer Lumpensuppe

Zubereitung

Die Lyoner, den Presssack und den Emmentaler würfeln oder in dünne Scheiben schneiden. Schnittlauch in Röllchen sowie Essiggurken und Tomate in dünne Scheiben schneiden. Die Zwiebeln schälen und in Ringe schneiden. Essig und Öl mit Wasser verdünnen, mit Pfeffer und Salz abschmecken. Alles miteinander vorsichtig in einer Schüssel vermengen und eine gute Viertelstunde lang ziehen lassen.

Zutaten

(für 4 Personen)
300 g Lyoner
200 g weißer Presssack
200 Gramm roter Presssack
200 g Emmentaler Käse
1/2 Bund Schnittlauch
2 Essiggurken
1 Tomate
2 kleine Zwiebeln
1 EL Weißweinessig
3 EL Öl
1 kleine Tasse Wasser
Pfeffer, Salz

Irene Rodrian
Die Tote am Straßenrand

Kurz vor eins. Der Regen war so heftig, dass die Scheibenwischer kaum dagegen ankamen. Ein schmaler Lichtstreifen, den die Scheinwerfer aus der Nacht schnitten, reflektierte die Tropfen zu sekundenkurz aufblinkenden Regenbogendiamanten. Sturm peitschte vom offenen Feld her und drückte den Wagen immer wieder nach links rüber. Bert steuerte mit einem heftigen Ruck gegen, und Anna wachte auf, weil ihr Kopf gegen die Scheibe krachte.

Einen Moment lang wusste sie nicht, wo sie war. Dann sah sie wieder Berts angespanntes Gesicht neben sich. Seine Finger hielten das Lenkrad krampfhaft umklammert. Zu viel Bier und Korn. Ihr war übel. Der Wagen wurde vom Sturm gebeutelt.

»Fahr nicht so schnell!«

Bert reagierte nicht. Er hatte auch viel zu viel getrunken. Jetzt war er wie ferngesteuert, er wollte nur noch heim. Anna schloss die Augen und klammerte sich am Haltegriff fest.

Sie trank sonst nicht so viel. Wenn sie mit dem Auto unterwegs waren, fuhr er hin und sie zurück. Normalerweise. Und sicher hätte sie auch heute nichts getrunken, wenn er sich nicht wieder so unsäglich aufgespielt hätte. Er, Herbert Richter, der letzte authentische Urbayer. Na schön, er war immerhin in Erlangen geboren. Als seine Eltern, beide aus Hessen, dort gerade studierten. Aber leider waren sie kurz darauf auch wieder mit ihm zurück nach Frankfurt gezogen.

Der Abend bei Eduard und Martina in Feldmoching war wie immer wunderschön gewesen. Anna mochte die beiden gern, vor allem, weil Bert sich bei ihnen so wohlfühlte. Er bewunderte Eddy, den Physiker, dessen Urgroßvater einer der Gründungsväter des alten Simpl gewesen sein sollte. Bert liebte Tina, die aus dem Chiemgau stammte und seiner Meinung nach den besten Schweinsbraten von ganz München machte. An diesem Abend hatte es Tinas berühmten Kartoffelsalat mit Gurke gegeben, Radi, Semmeln und Brezen, Obatzten und andere Käse; die Männer hatten gegrillt.

Bert hatte wie immer Vorträge gehalten. Dass Frankfurt eigentlich auch mal zu Franken gehört hatte, dass die Franken immer die ärmeren Bayern gewesen waren und daher die raffiniertere Küche entwickeln mussten. Dass nur der bayerische Kartoffelsalat echt sei, und nicht der mit Mayonnaise, wie genau man echten Obatzten machte und bei welcher Temperatur welches Bier perfekt war. Eddy hatte außer Hühnerteilen und Rippchen auch Brat- und Wollwürste auf dem Grill, weil die Kinder die so gern mochten. Außerdem gab es Paprika, Auberginen und Zwiebeln. Die schmeckten Anna besonders gut. »Lecker!«, sagte sie begeistert.

Bert fuhr zu ihr herum: »Lecker?!«

Anna wandte sich ab. Schwieg. Er verbesserte sie gern und oft, wenn sie Ausdrücke benutzte, die in seinen Ohren unbayrisch klangen. Er hasste diese Neumünchner Schicki-Mickis, die seit einiger Zeit das Bild der Stadt in den Medien prägten und besonders zur Wiesnzeit alles mit Dirndln und Lederhosen überschwemmten.

Bert sah sich als Annas Fremdenführer, als ihr Missionar. Sie hatten sich vor drei Jahren kennengelernt, als sie gerade von Mannheim nach München kam und sich sofort in die Stadt verliebt hatte. Und in Bert. Er konnte sehr charmant sein, er hatte alles an Selbstbewusstsein, was ihr fehlte, und er bot ihr die starke Schulter, nach der sie sich so lange gesehnt hatte. Ja, verdammt, sie liebte ihn. Sie war bereit, über vieles hinwegzusehen. Und Alkohol half dabei, keine Frage.

Der Wagen ruckelte plötzlich, und Anna schreckte hoch. Schlaffes Herbstlaub klebte an der Scheibe, und die Fahrbahn war hinter den blendenden Regentropfen kaum zu erkennen.

»Bert, bitte!«

Als Antwort drückte er das Gaspedal noch etwas weiter runter. Schweißtropfen auf seiner Stirn. Die Kurve kam viel zu schnell, und Anna sah die gelben Seitenreflektoren des Fahrrads erst, als sie auch schon den Aufprall spürte.

Bert versuchte, gleichzeitig gegenzusteuern und zu bremsen. Der Wagen drehte sich auf der regennassen Fahrbahn und blieb endlich am Feldrand stehen. Keine zehn Zentimeter vom nächsten Baum entfernt. Bert riss die Tür auf und stolperte hinaus. Anna hörte, wie er sich hinter dem Baum übergab.

Sie bewegte sich steif. Drückte die Tür auf und stieg langsam aus. Der Regen traf sie eiskalt und nadelspitz. Sie neigte den Kopf und wandte sich dem Heck zu.

Ein Mountainbike blinkte im Rot der Rücklichter auf, das Vorderrad bewegte sich noch. Die Gestalt daneben war kaum zu erkennen. Flach und dunkel. Anna beugte sich vor und erkannte als Erstes einen weißen Turnschuh, dann die schmalen Hosen, die dunkle Kapuzenjacke mit hellen Karos und dann den Fleck. Der knallrot aus der schwarzen Nässe hervorleuchtete und sich rund um den Kapuzenkopf ausbreitete.

»Los!« Bert war plötzlich neben ihr und packte sie am Arm. »Komm!« Er zerrte sie zum Auto zurück und schubste sie durch die linke Tür hinter das Lenkrad. Knallte die Tür zu und rannte durch das helle Scheinwerferlicht um die Kühlerhaube herum. Starrte kurz auf den rechten Kotflügel, dann schob er sich neben sie und zog seine Tür zu. »Fahr endlich!«

Anna bewegte sich nicht. Sie fror. Ihr war schlecht. Ihr Handy lag in der Handtasche auf dem Rücksitz. »Wir müssen die Polizei rufen. Einen Notarzt!« Die Scheinwerfer holten den Baumstamm und einen Teil der Straße aus der Dunkelheit. Das Fahrrad lag hinter ihnen.

»Arzt bin ich selber. Fahr endlich!«

»Vielleicht lebt er noch!«

»Nein, sie ist tot.« Das sagte er mit dieser autoritätsgewohnten Chefarztstimme.

»Sie?«

»Bitte Anna, fahr los!« Seine Stimme wurde weicher, er legte ihr eine Hand auf die Schulter. Sie spürte die Wärme durch den dünnen Stoff ihrer Leinenjacke. Ihre klammen Finger tasteten nach dem Zündschlüssel. Nach vorne konnte sie nicht, und hinter dem Auto war nicht genug Platz übrig, wenn sie nicht noch mal über das Mountainbike fahren wollte. Und über den Radfahrer. Die Radfahrerin.

»Ich kann nicht!«

»Du kannst! Bitte. Die Frau ist tot. Der kann keiner mehr helfen. Was fährt sie auch mitten in der Nacht ohne Licht?!«

»Aber wir müssen ...«

»Wir müssen weg, Anna! Bitte, fahr endlich! Komm, ganz langsam, ein Stückchen vor und dann scharf einschlagen und halb rechts zurück. So, ja. Das ist gut, jetzt noch mal ein Stückchen nach vorn ... ja, das machst du super!«

Später fragte sich Anna oft, warum sie nicht heftiger widersprochen hatte. Warum sie nicht einfach ihr Handy genommen und die Polizei gerufen hatte. Aber sie war wie paralysiert, sie gehorchte ihm, sie fuhr los. Es dauerte etwas, bis sie den BMW wieder auf die Straße rangiert hatte, aber sie schaffte es.

Sie fuhr nicht schneller als 50, auch als sie auf die Schleißheimerstraße einbog. Er streichelte die ganze Zeit über ihre Schulter. Als sie plötzlich eine Polizeisirene hörten, verkrampfte sich seine Hand kurz, als der Streifenwagen an ihnen vorbeiraste, entspannte er sich wieder. Die ersten Firmenlogos glühten aus der Dunkelheit hervor, bei der Panzerwiese kam eine der Straßennutten unter der Gruppe von bunten Schirmen hervor, wich aber sofort zurück, als sie sah, dass eine Frau am Steuer des BMW saß.

Bert lachte kurz auf und ließ ihre Schulter los. Die ersten Wohnblocks rückten näher, sie waren wieder in der Stadt. Sie schwiegen beide. Anna glaubte, zu ersticken. Immer wieder sah sie die flache dunkle Gestalt im Regen vor sich. Den weißen Turnschuh. Und das glänzende Rot unter der Kapuze. Dazu hörte sie sein Auflachen, als sie an der Straßennutte vorbeifuhren. Sie wusste, dass Bert sich Sorgen um seinen Ruf und um den Führerschein machte. Dass er es sich in seiner Position auf keinen Fall leisten konnte, besoffen am Steuer erwischt zu werden, noch dazu als Verursacher eines tödlichen Unfalls.

Die Stelle, auf der eben noch seine Hand gelegen hatte, fühlte sich kalt an.

Anna war Kinderbuchillustratorin, sie arbeitete zu Hause, sie brauchte kein Auto. Falls sie erwischt worden wären, dann hätte eben sie am Steuer gesessen. Aber alles war ja gut gegangen.

Sie fand einen Parkplatz in der Elisabethstraße, direkt vor ihrem Haus, und stellte den Motor ab. Blieb sitzen. Bert stieg aus und kam um das Auto herum. Sah sich noch einmal den vorderen Kotflügel an, nickte zufrieden, machte dann die Tür auf und zog sie sanft aus dem Wagen. Umarmte sie, hielt sie fest.

»Danke«, flüsterte er, »danke!«

Sie schlief kaum in der Nacht. Ihr war übel, alles drehte sich, und sie musste immer wieder ins Bad. Erst gegen Morgen fiel sie in einen albtraumschweren Schlaf. Der Duft von frisch gebrühtem Kaffee weckte sie auf. Und seine Stimme. Er saß fertig angezogen am Küchentisch und telefonierte. Mit Eddy.

»... danke der Nachfrage, aber nein, Anna ist natürlich gefahren, wir haben gleich hinter eurem Grundstück getauscht. Ja, die hatte gut getankt, aber weniger als ich, haha. Nein, nein, keine Probleme, keine Kontrollen. Und nochmals besten Dank, war schön bei euch. Grüß Tina, man sieht sich.«

Anna zog ihren Bademantel fester zusammen und setzte sich auf die Eckbank. Bert schob ihr eine dampfende Kaffeetasse hin und lächelte. »Guten Morgen, Schatz.« Dann stand er auf, küsste sie und ging.

Sie duschte und zog sich an. Räumte auf und schrieb sich eine Einkaufsliste. Sie fühlte sich immer noch betrunken, sie fror, ihr Magen schmerzte, aber ihr Kopf war leer. Die Sonne schien von einem föhnblauen Himmel, und die Alleebäume glänzten herbstlich bunt. Anne nahm ihren Einkaufskorb und ging hinüber zum Elisabethmarkt. Alltägliche Dinge tun. Einkaufen, kochen. Vielleicht konnte sie die letzte Nacht so vergessen. Vielleicht würde Bert sich jetzt ändern. Wieder der werden, in den sie sich damals verliebt hatte. Freundlich, zärtlich, fürsorglich. Danke, hatte er gesagt. Sie kaufte ein, Jakobsmuscheln und Spargel aus Peru. Sie liebte Spargel, auch wenn der jetzt natürlich nicht den feinen Geschmack vom Schwetzinger Spargel haben konnte. Sie überlegte sich auf dem Heimweg Kochrezepte. Erst, als sie an dem Zeitungskiosk vorbeikam, krachte die Erinnerung wieder über ihr zusammen. *TOT*, schrie die Schlagzeile. *Stadtrat Meurer untröstlich. Seine einzige Tochter ist tot.* Darunter das Foto eines jungen Mädchens, das in die Kamera lachte.

Anna kaufte alle Münchner Zeitungen und rannte in die Wohnung zurück. Sie zitterte so stark, dass die erste Zeitung beim Aufblättern einriss. Da war der Artikel, mit *FAHRERFLUCHT* überschrieben. Es stimmte alles. Die Straße, die Zeit. Gestern Nacht. Die 16-jährige Ina Meurer war angeblich bei einer Freundin gewesen, wo sie übernachten wollte. Die Mädchen hatten sich gestritten, und Ina war kurz nach eins mit ihrem Fahrrad heimgefahren. Wo sie aber nie ankam. Und niemand sie vermisste. Die Mutter glaubte sie bei der Freundin, und die sie längst daheim. Ein Forstarbeiter fand sie früh morgens und rief sofort den Notarzt, aber Ina Meurer starb noch auf dem Weg zur Klinik.

Die Buchstaben verschwammen vor Annas Augen. Auf dem Weg zur Klinik. Das Mädchen war erst um halb sechs gestorben. Sie hatte also noch gelebt. Sie hatte noch gelebt.

Anna konnte nicht arbeiten. Sie suchte im Internet nach weiteren Hinweisen zu der Toten, fand aber nichts. Sie putzte die Wohnung, sogar das Treppenhaus, und kochte ein aufwendiges Abendessen. Die Zeitung mit der Schlagzeile ließ sie auf dem Küchentisch liegen.

Bert kam pünktlich heim und schenkte sich als Erstes ein Bier ein. Dann sah er die Zeitung und knüllte sie zusammen. »Ja, hab's schon gehört. Kannst du mir verraten, was so ein junges Mädchen nachts da zu suchen hat?!«

»Die Meurers wohnen ja offenbar in der Gegend. Sie wollte nur heim!«

»Ohne Licht!«

»Sie hat noch gelebt.« Anna flüsterte fast.

»Das werde ich ja wohl besser wissen!«

»Hast du ... hast du sie denn überhaupt genau untersucht?« Ihre Stimme war so leise, dass sie nicht wusste, ob Bert sie überhaupt verstanden hatte. Er schwieg, trank sein Bier, holte sich ein neues. Anna starrte ihn an, sah einen Fremden vor sich.

»Bert!«

»Was gibt's zu essen?« Er hob den Kopf, um auf die Arbeitsplatte zu schauen. »Ah, Spargel! Mit Schinken, jungen Kartoffeln und Sauce hollandaise! Gab's bei uns daheim nur im Juni.«

Anna schälte den Spargel weiter, schnitt eine Knoblauchzehe fein und zerteilte eine Ingwernase in dünne Streifen. Sie gab Olivenöl in die Pfanne und begann, den Spargel schräg in fingerdicke Stücke zu schneiden.

»Aber nie im Herbst! Wo kommt denn jetzt Spargel her? Aus so einem Plastikzelt in Spanien?« Er strich die Zeitung wieder glatt und las den Sportteil.

»Aus Peru.«

»Verrückte Welt!« Er nahm einen genussvollen Schluck von seinem Bier.

Anna briet die Spargelstückchen rundum und ließ eine Handvoll Spaghetti ins kochende Wasser gleiten. Sie wendete den Spargel, salzte ihn und streute etwas Puderzucker darüber. Sie goss die fertigen Spaghetti ab und gab die Portionen auf zwei Teller. Darüber die goldbraunen Spargelstückchen. Sie stellte Bert ein frisches Bier hin und goss sich selbst ein Glas Weißwein ein.

Es duftete verführerisch, der Spargel schmeckte unglaublich intensiv, und obwohl Anna eigentlich keinen Hunger hatte, aß sie mit großem Appetit.

Bert schwieg. Er saß vor seinem Teller und starrte ihn an. »Was soll das jetzt sein?«

»Ich hab den Spargel gebraten.«

»Was ist das Rote da drin?«

»Ein bisschen Chili.«

»Und das? Knoblauch?!«

»Ganz wenig ...«

»Bist du jetzt völlig übergeschnappt? Wie kannst du den Spargel so gottserbärmlich verhunzen?«

»Probier doch wenigstens mal!«

»Pfui Deifi!« Bert stocherte angewidert mit der Gabel in den Nudeln herum.

»Genau so hat das erst letzte Woche dein heißgeliebter bayerischer Superkoch im Fernsehen gemacht.«

»Das glaubst du ja wohl selber nicht!« Bert stand auf,

machte sich demonstrativ ein Wurstbrot und setzte sich vor den Fernseher.

Am nächsten Morgen verließ er wortlos die Wohnung und kam erst spät heim. Auch die Tage danach blieb die Stimmung zwischen ihnen angespannt. Anna hatte gehofft, dass seine Dankbarkeit anhalten würde, diese kurzen Momente der Nähe, dass sie die schreckliche Situation zusammen durchstehen könnten. Das Gegenteil war der Fall. Berts Gereiztheit nahm zu, und jedes Gespräch über den Abend blockte er ab.

Die Berichte in den Zeitungen wurden immer kleiner und wanderten auf die letzten Seiten. Die Polizei ermittelte wegen Fahrerflucht. Angeblich hatten Zeugen einen dunklen BMW gesehen. Aber das war vermutlich Unsinn. Um die Zeit war die Straße leer gewesen, kein Mensch bis zur Panzerwiese. Und bei dem Wetter konnte man sowieso nichts erkennen.

Bert schien sich auch keinerlei Sorgen zu machen. Sie hatte sich den rechten Kotflügel des BMW und die Stoßstange bei Tageslicht angesehen, aber nichts entdecken können. Einmal hörte sie Bert am Telefon mit Eddy sprechen und lachen. »Ha, die Kleine wird sich was nebenbei verdient haben. Kinderstrich und so. Wir haben sowieso die Autobahn genommen ...«

Anna kam mit ihrer Arbeit nicht weiter. Zuerst waren es heftige Schuldgefühle, die sie würgten, dann überwog die Wut auf Bert, der, statt ihr gegenüber besonders liebevoll zu sein, immer aggressiver und bösartiger wurde.

Sie suchte im Internet die Seite der Münchner Kripo. Der Fall Ina Meurer war noch nicht abgehakt. Man hatte an ihrem Fahrrad winzige Spuren von Autolack gefunden. Das typische BMW-Blau? Das würde nicht viel helfen, in München gab es Hunderte nachtblauer BMWs. Und an Berts BMW gab es definitiv keine Kratzspuren. Aber offenbar hatte die Kripo noch etwas anderes gefunden. Jemand hatte sich übergeben. Der Autofahrer? Damit hatten sie eine DNS. Die war nicht gespeichert, aber sobald man einen Verdächtigen hatte, konnte man die DNS vergleichen.

Annas erste Reaktion war Panik.

Sie hatte am Steuer gesessen.

Wenn das eine dieser Nutten gewesen wäre, dann hätte die Kripo längst alle Ermittlungen eingestellt. Aber die Tochter vom Stadtrat Meurer – das war ein ganz anderer Fall. Kurz war sogar das Stichwort Mordversuch gefallen, politische Motive wurden aufgegriffen, ein Internetblog wollte herausgefunden haben, dass Meurer in irgendwelche Mauscheleien mit dem Zoll verwickelt war. Die Drohung einer Verleumdungsklage ließ diese Stimmen erst mal verstummen.

Seit der Nacht waren drei Wochen vergangen. Bert kam immer später aus der Klinik und rief nicht mal mehr an, um sich auf unendlichen Verwaltungskram oder eine lebensrettende OP zu berufen. Bei den seltenen gemeinsamen Mahlzeiten war er schweigsam und mürrisch. Den tödlichen Unfall schien er völlig vergessen zu haben.

Anna war klar, dass so ein paar Wochen nichts bedeuteten. Im Gegenteil, die Zeit arbeitete diesmal für die Polizei. Sie würden nach und nach alle BMW-Besitzer überprüfen. Und in den Werkstätten nachfragen. Anna schaute gern Krimis, vor allem die amerikanischen CSI-Serien. Heute konnte man auch aus einer winzigen Lackspur das Herstellungsjahr und die

Typenbezeichnung herauslesen. Und falls Bert selber mit Farbe oder Wachs am BMW herumgefummelt hatte, würde man das im Fall des Falles auch nachweisen können.

Eines Tages füllte sie die Waschmaschine auf und fand den Fleck auf seinem weißen Hemd. Blassrosa Lippenstift. Sie hatte schon länger die Vermutung, dass hinter Berts vielen Überstunden eine Affäre steckte. Aber sie schreckte vor einer Auseinandersetzung zurück.

Sie hatte Angst. Nicht nur vor der Polizei. Noch mehr vor ihm. Sie kannte ihn nicht mehr. Er hatte ein junges Mädchen angefahren und sie sterbend am Straßenrand liegen gelassen. Gut, sie beide waren betrunken gewesen. Aber am nächsten Morgen nicht mehr. Er hatte die ganze Sache einfach verdrängt. Er machte Witzchen mit Eddy und versuchte nicht einmal mehr wirklich, seine Affäre geheim zu halten.

Schluss. Es ging nicht mehr. Nicht so. Sie musste ihn verlassen. Sich scheiden lassen. Zur Polizei gehen, sich anzeigen. Ihn anzeigen. Das würde ihn seine Approbation kosten und definitiv seine Karriere beenden. Also würde er sich mit Händen und Füßen wehren. Sie wäre ganz allein. Gegen ihn. Sein Geld und seine Freunde. Es waren alles seine Freunde. Nicht mal Tina hatte seither bei ihr angerufen.

Anna schob die Entscheidung vor sich her. Sie arbeitete freiberuflich. Sie hatten keine Kinder. Sie war frei und konnte jederzeit gehen. Aber wohin? Weg von München? Das sie mittlerweile liebte, und wo zwei ihrer Verlage waren? Wo sie sich aber allein von ihren Honoraren keine Wohnung leisten konnte.

Die Angst verwandelte sich wieder in Wut.

Am Samstag schlief Bert lang. Keine wichtigen Dienste, keine karitativen Tätigkeiten, kein wissenschaftlicher Kongress. Es war kühl, aber die Sonne schien. Er zog seine nagelneuen Joggingklamotten an und verschwand für eine Stunde. Als er wiederkam, hatte er eine Tüte mit Semmeln und acht frische Weißwürste dabei. »Die dürfen das Zwölfuhrläuten nicht erleben!«, sagte er gut gelaunt und setzte sich vor den Fernseher.

Anna sah auf die Uhr. Es war zwei Minuten vor zwölf. Anna stellte einen Topf mit Nudelwasser auf und eine Pfanne mit Öl. Dann begann sie die Haut von den Weißwürsten abzuziehen und sie in schräge Scheiben zu schneiden. Sie schnitt eine Schalotte klein, röstete sie zusammen mit einer kleingewürfelten Knoblauchzehe glasig, kratzte die Kerne aus einer Chilischote, hackte sie klein und gab sie dazu, dann die Weißwurstringe.

Als sie goldbraun waren, goss sie die Spaghetti ab und füllte sie in zwei Teller. Zusammen mit den knusprigen Weißwurststückchen. Schließlich hobelte sie etwas Parmesan darüber und rief Bert zum Essen.

Zuerst verstand er nicht. »Ich dachte, es gibt Weißwürscht?!« Dann kratzte er ein Parmesanblättchen beiseite und erkannte die Ringe als das, was sie waren. Gemeuchelte Weißwürste. Blasphemisch verunstaltet und über italienische Pasta gehäuft.

»Das schmeckt wirklich toll!« sagte sie mit vollem Mund und meinte es so.

Er starrte sie an. Flüsterte: »Das ist jetzt nicht dein Ernst, oder?«

»Dein Lieblingskoch ist doch auch berühmt dafür, dass er landeseigene Rezepte kühn erweitert und modernisiert«, sagte sie freundlich.

»Mit wem willst du dich denn da vergleichen?«

»Der paniert die Scheiben sogar noch.«

Bert schüttelte nur den Kopf, hob die Stimme leicht an. »Findest du das witzig? Willst du mir eins auswischen? Mich provozieren? Dann ist dir das gelungen!«

»Ich wollte nur einmal etwas ausprobieren.«

»Das kannst selber fressen!«, er schob den Teller von sich fort und griff nach der Weinflasche.

»Du bist doch sonst immer offen für's Neue. Der hellrosa Lippenstift an deinem Hemd ist ja sicher von der neuen Schwester, oder?«

Seine Hand mit der Weinflasche zögerte kurz über dem Glas. Dann goss er das Glas voll und nahm einen langen Schluck.

»Ich schlage vor, du hörst auf, Schwachsinn zu reden und machst uns was Ordentliches zum Essen.«

»Mir schmeckt es.«

Er stellte langsam sein Glas ab und schaltete plötzlich um.

Schrie, brüllte, warf den Teller auf den Boden und das Glas an die Wand. Als er auch auf Anna losging, verbarrikadierte sie sich in ihrem Arbeitszimmer und packte hastig ihre Zeichnungen und den Laptop zusammen.

Er rüttelte an der Tür und trat dagegen. »Mach auf! Mach sofort die verdammte Tür auf!«

Anna klemmte einen Stuhl unter die Klinke und nahm ihr Handy. Sie war drauf und dran, die Polizei anzurufen, aber dann war klar: Die Tür hielt, und nach einer Weile schien Bert sich zu beruhigen. Etwas später hörte sie die Wohnungstür klappen.

Anna zog vorsichtig die Tür auf und horchte hinaus. Er war weg. Sie huschte ins Schlafzimmer, packte hastig einen Koffer mit dem Nötigsten und holte ihre Sachen aus dem Bad. Neben ihrer Bürste lag sein Kamm. Er verlor ziemlich viele Haare. In ein paar Jahren würde er völlig kahl sein. Sie zögerte nur kurz, machte dann den Kamm sauber, rollte die Haare in ein Kosmetiktuch und steckte es in die Seitentasche ihres Waschbeutels.

Dann verließ sie die Wohnung.

Im Hauseingang blieb sie stehen und schaute sich vorsichtig um. Sie durfte ihm nicht begegnen. Nicht mit ihrem Koffer, der Laptoptasche und der Zeichnungsrolle. Sie konnte ihn nicht entdecken und lief so schnell es ging zum Taxistand vor.

»Ecke Schelling-Türkenstraße«, sagte sie. Sie hatte eigentlich kein Geld für ein Taxi, aber hier musste sie weg. Und in der Türkenstraße kannte sie eine kleine Pension. Auch das Zimmer war eigentlich zu teuer. Aber es war hell und freundlich, und als sie ihren Koffer abstellte, den Laptop auf dem kleinen Tisch anschloss und aufklappte, fühlte sie sich ganz gut. Sicher und frei.

Zeit für neue Pläne.

Bert würde das gemeinsame Konto sofort sperren, wenn er ihren Auszug bemerkte. An ihr eigenes Kinderkonto, wie er es abfällig nannte, kam er nicht ran. Von ihren Honoraren hatte sie in den letzten Jahren knapp zweitausend Euro gespart. Für eine Reise nach Bologna zur Kinderbuchmesse.

Sie musste ganz schnell einen Job finden und ein Zimmer in einer WG. Sie zog sich um, lässige Jeans, Karohemd, Sneakers und Lederjacke. Dann lief sie die zwei Blocks zur Uni hinüber und studierte die Angebote und Nachfragen auf den Infotafeln. Sie fand vier

Adressen für WG-Zimmer hier in der Maxvorstadt, aber kein vernünftiges Jobangebot.

Als sie wieder rauskam und in die Amalienstraße einbiegen wollte, stand er plötzlich vor ihr. »Du siehst verboten aus in Hosen. Hast du mal deinen Arsch im Spiegel gesehen?«

Vermutlich war das der Tropfen, der das Fass endgültig zum Überlaufen brachte. Anna wurde plötzlich ganz ruhig. »Ich lasse mich scheiden«, sagte sie. »Du hörst von meinem Anwalt.«

»Einen Anwalt wirst du auch brauchen!« Die Drohung in dem Satz war nicht zu überhören. Anna wandte sich ab und ging davon, ohne sich noch einmal umzusehen. Aber er folgte ihr nicht.

Zurück im Pensionszimmer setzte sie sich an den Tisch und wartete, bis ihr Atem sich beruhigt hatte. Es gab kein Zurück mehr. Sie adressierte ein wattiertes Kuvert an die Polizeidirektion München, legte eine von Berts Visitenkarten hinein und die Haare aus seinem Kamm. Briefmarken bekam sie an der Rezeption. Die Post war nur zwei Straßen weiter, Anna schob das Kuvert in den gelben Kasten. Und mit dem satten Plopp fiel auch der letzte Zweifel von ihr ab.

Sie fand ein günstiges WG-Zimmer in der Gabelsberger Straße und einen Kellnerjob im Café um die Ecke. Es lief gut. Sie konnte wieder arbeiten, ihr letztes Buch war für einen Preis vorgeschlagen.

Die Polizei kam erst vier Wochen später.

Sie hatten Berts DNS mit der am Unfallort verglichen und übermalte Kratzspuren an seinem BMW gefunden. Er hatte auch alles sofort zugegeben. Seine Frau war gefahren, er hatte geschlafen. Sie war offenbar durchgedreht. Seine fast Ex-Frau. Er hatte sich von ihr getrennt.

Bert beharrte auf seiner Version. Seine Aussage stand gegen ihre. Es gab ein paar hässliche Begegnungen, vor allem, als auch Eddy und Tina befragt wurden. Die sich angeblich beide an nichts mehr erinnerten, aber Tina brach ein, als sie bei einer der Befragungen den Eltern begegneten, dem Ehepaar Meurer. Tina und Eddy hatten beide gesehen, dass zumindest zuerst Bert am Steuer gesessen hatte. Und Eddy erinnerte sich plötzlich an Berts morgendlichen Anruf und seine Behauptung, er und Anna hätten die Plätze getauscht. Das war ihm gleich komisch vorgekommen. Bert ging wütend auf Eddy los, ein Polizist musste die beiden trennen.

Warmer Föhnwind verhinderte einen richtigen Winter. Die Straße war trocken, und auf den Feldern lagen weiß verpackte Strohrollen wie Schneewehen. Die Bremsen an Annas altem Rad quietschten, als sie in die enge Kurve einbog. Vor dem Baum hielt sie an und legte einen Strauß weißer Rosen zu den anderen Blumen am Straßenrand.

Weißwurst Italiano oder Spaghetti Bavaria

Zubereitung

Spaghetti in viel Salzwasser al dente kochen, abgießen und in etwas Olivenöl schwenken.

Von den Weißwürsten die Haut abziehen, das Fleisch in fingerdicke Schrägscheiben schneiden, mit feinen Schalotten- oder Zwiebelwürfeln, etwas Chili und nach Gusto Knoblauch in Olivenöl goldbraun braten. Mit den Spaghetti servieren.

Zutaten

(für 4 Personen)

1 Packung Spaghetti
Olivenöl
4 Weißwürste
1–2 Schalotten (ersatzweise Zwiebeln)
1/2 Chilischote
Knoblauch (nach Gusto)

Angela Eßer
Todesengel

Angesteckt von der Vorfreude der ganzen Stadt auf die Eröffnung des großen Schützenfestes in Augsburg, hatte Barbara sich auf das Locken einer Wahrsagerin eingelassen. In die Zukunft sehen. Und jetzt spürte sie, wie sie mit den Tränen kämpfte. Was für einen Unsinn hat diese stotternde Närrin ihr da erzählen und sie dabei so erschrecken müssen? Prüfungen. Dem Todesengel noch sechsmal begegnen. Dann würde auch sie das Glück endlich sehen. So ein Unfug. Beeilen sollte sie sich, so viel hatte sie heute noch zu tun. Musste Teig für weitere Brote ansetzen, Einmaischen und vor allem jetzt und sofort der Hirblingerin das Essen bringen, sonst würde die wieder toben wie eine Furie. Gleich einem Aal schlängelte sich Barbara hastig an Ochsenkarren und den vielen Leuten, die nun in der Stadt waren, vorbei und erreichte kurze Zeit später das Haus der alten Hirblingerin. Kaum hatte sie die schwere Türe geöffnet, hörte sie sie schon von oben kreischen. Nichts war dieser Alten recht.

Das Kreischen wurde lauter. Barbara war sich sicher, dass man die Alte trotz des Lärms draußen auf dem Platz hören konnte. Als sie die Stube betrat, streifte ein Holzscheit ihren Kopf. Mochte die Greisin manchem noch so schwach scheinen, hatte sie aber dennoch Kraft genug, um herumzuschreien und sie jeden Tag zu schikanieren. Mal war es ein Holzscheit, das sie warf, ein anderes Mal ein Stock, mit dem die Alte auf sie eindrosch. Vor ein paar Tagen erst hatte die Hirblingerin Barbara mitten ins Gesicht gekratzt und mit Füßen getreten. Immer und immer wieder.

Während sie weiter in den Raum hineintaumelte, noch ein wenig benommen von dem Schlag, fasste sie sich an die Stelle, wo sie das Scheit getroffen hatte. Atmete auf. An ihren Fingern war kein Blut zu sehen, also würde es nur eine Beule geben. Sie blickte auf und sah ein honigsüßes Lächeln im Gesicht der Alten. Wütend knallte Barbara den kleinen Kessel mit dem Brei auf die Feuerstelle.

»Der Teufel soll dich holen!«, zischte sie wütend vor sich hin, während sie den Brei aufwärmte. Seit zwei Jahren jeden Tag diese Kränkungen. Seit ihre Mutter tot war. Ja, sie hatte oft genug schon den Todesengel gesehen. Bei der Mutter, den kleinsten Geschwistern, alle vom Fieber dahingerafft. Nur in diesem Haus hatte er keinen Halt gemacht. Nicht bei dieser elendigen Hexe. Barbara biss sich auf die Lippe. Wenn doch bloß dieser furchtbare Vertrag nicht wäre, den der Vater gemacht hatte. Geknebelt waren sie alle an diese elende Leibrente. Aber sie wusste genau, was der Vater sich dabei gedacht hatte.

»Bald sterben wird die Hirblingerin, und dann gehört das Haus uns.« Wie oft hatte er das in der Stube gesagt und sie damit getröstet. Uns. Was für ein Unsinn. Er wollte das Haus und mit der jungen Eberl, diesem falschen Luder, das ihm den Kopf verdreht hatte, dort einziehen. Aber die Hirblingerin starb nicht. Sie überlebt uns alle noch, dachte Barbara und schloss die Augen. Auch mich. In genau einem Monat.

Am 5. August 1509.

Noch war sie 15, aber an diesem Tag würde sie 16 Jahre alt und verheiratet werden. Lebendig begraben mit einem widerlichen Mannsbild, der das Gasthaus des Vaters in Pacht übernehmen würde. Den Meistbietenden hatte er genommen und sie gleich mit verschachert. Wollte sie und ihre jüngeren Schwestern endlich loswerden.

Musik drang in die stickige Stube hinauf und riss sie aus ihren Gedanken. Sie musste los. Die ersten Schützen zogen schon von der Rosenau in die Stadt auf den Rathausplatz ein, von Spielmannsleuten begleitet. Barbara stellte der Alten den aufgewärmten Brei auf den Tisch, murmelte einen Gruß und lief die Stiegen hinab. Noch einmal zog sie ihre Kalotte fest um den Kopf und rannte zum Gasthaus.

»Verfluchtes Weib, verdammtes! Siehst du nicht, was hier los ist?«, brüllte der Vater mit hochrotem Kopf durch den völlig überfüllten Gastraum und schlug ihr mitten ins Gesicht. Schnell stammelte sie eine kurze Entschuldigung und verschwand hastig in der Küche.

Das Klappern der Kessel und das Knistern der Feuer in den Öfen beruhigte sie wieder ein wenig. Der Dampf von brodelnden Suppen vermischte sich mit dem Geruch von frisch gebackenem Brot. Noch heute sollte eine Ladung in die Rosenau zu den Lagern der Schützen für das große Fest. Der Rat zahlte gut. Sie hatten einen der größten Aufträge bekommen. Sie buken aber auch die besten Waffeln, und ihr Aufstrich war über die Stadtgrenze hinaus bekannt. Der Fortuna-Aufstrich. Barbara lächelte. Ihre Mutter hatte ein glückliches Händchen für so etwas gehabt. Einige Ratsleute und sogar der Stadtschreiber ließen sich einmal in der Woche diesen köstlichen Aufstrich bringen. In der Küche wirbelten alle, rührten in den Kesseln, schnitten Gemüse und Fleisch, hackten Kräuter. Sie wussten, was zu tun war. Später würde Jacob alles in das Lager der Schützen bringen. Sie ging zum Brauraum und begann mit dem Einmaischen. Hier war sie allein und konnte in Ruhe noch einmal nachdenken. Um nichts in der Welt würde sie diesen aufgeblasenen Brauer aus München heiraten. Vielleicht würde der Vater doch noch einmal mit sich reden lassen. Sie atmete tief durch. Nein, niemals würde er seine Meinung ändern. Sie musste eine andere Lösung finden.

Vor dem Rathaus waren Tische aufgestellt, das kostbare Ratsgeschirr funkelte im Sonnenlicht. Barbara sah, wie Wein und Konfekt an die Herren ausgeteilt wurde und der Stadtschreiber allen zuprostete. Eng zusammengedrängt standen die Schützen aus vielen Städten des Reiches zusammen mit Bürgern aus Augsburg, die sich das Spektakel nicht entgehen lassen wollten. Ein solch großes Fest gab es nicht alle Tage. Sie zwängte sich zwischen den Menschen hindurch, nur um einen kurzen Blick auf den Herzog Wilhelm von Bayern zu erhaschen, bevor sie zum Vater und am Ausschank helfen musste.

Doch gerade als Barbara den Herzog erblickte, stieß sie mit einem Armbrustschützen zusammen, der sich ebenfalls durch die Menge zwängte. Sie wandte sich ihm zu, entschuldigte sich und schaute auf ein farbenprächtiges Wams. Der Schütze war um einiges größer als sie, und sie musste den Kopf weit in den Nacken legen, um in sein Gesicht sehen zu können. Der Mann verbeugte sich.

»Es ist an mir, Euch um Verzeihung zu bitten, mein Fräulein.«

Als Matthias aus Freiburg stellte er sich ihr vor, nahm ihre Hand und lächelte. Sie nickte verwirrt. Es war nicht nur das Lächeln seines Mundes, das Barbara innehalten und plötzlich die Zunge am Gaumen kleben ließ. Er strahlte sie an, seine Augen funkelten wie Edelsteine. Gerne hätte sie geantwortet, aber da war er schon wieder in der Menge verschwunden. Wie gelähmt stand Barbara auf dem Platz und wurde von einzelnen Menschen links und rechts angestoßen. Sie schaute auf ihre Hände, die sie völlig verkrampft vor ihrer Brust verschränkt hatte. Sie löste die Finger voneinander und rieb sie sich an ihrem Kleid ab. Schnell ging ihr Blick über die Menschen auf dem Platz, aber sie konnte den Schützen nirgends entdecken. Sie stellte sich auf die Zehenspitzen, aber sie sah nur bunte und edle Kleidung überall, wie sie sie noch nie zuvor gesehen hatte. Ein Schütze aus Freiburg. Das könnte die Lösung sein. Aber jetzt musste sie sich beeilen und sich schnell durch die Menge kämpfen, um zum Stand ihres Vaters zu gelangen, wollten doch all die Menschen verköstigt werden. Freibier und kostenloses Essen für alle gab es nicht so oft.

Barbara schwang ihre Beine aus dem Bett und zog sich an. Zu den einzelnen Wettkämpfen konnte sie nicht gehen, dafür blieb keine Zeit, aber die Vorratskeller in der Rosenau, wo alle Schützen lagerten, mussten ständig aufgefüllt werden. Ihre um ein Jahr jüngere Schwester Ursula fuhr täglich mit Jacob in einem Ochsenkarren dorthin. Aufgeregt erzählte Ursula Tag für Tag beim Nachtmahl, wie spannend die Wettkämpfe, wie lustig das Treiben im Lager und überhaupt wie herrlich es war, auf all die fremden Menschen zu treffen. Überall sei Musik. Gaukler, Tänzer und Sänger, wie man sie hier in Augsburg noch nie gesehen habe. Jedes einzelne Wort sog Barbara tief in sich auf und schloss dabei die Augen, um sich das Leben im Lager vorzustellen. Sie musste es einrichten, dass sie mit dorthinfahren konnte, um den Schützen zu suchen, bevor das Fest zu Ende ging. Der Fremde könnte ihre einzige Rettung sein. Er war ihr nicht umsonst über den Weg gelaufen. Mit ihm könnte sie einfach fortgehen. Nach Freiburg. Das war weit weg. Weit genug weg von der Schenke, dem Vater und dem widerlichen Brauer.

Wenn nur diese vermaledeite Hirblingerin nicht wäre, zu der sie jeden Tag musste. Wie gerne hätte sie mit Ursula getauscht, aber die Aufgaben waren vom Vater bestimmt. Ursula fuhr in die Rosenau, und sie hatte dieses zahnlose Ungeheuer zu versorgen. Am liebsten würde sie der Alten den Hals umdrehen, nicht erst seit sie ihr die schlimmsten Schimpfwörter oder Holzscheite an den Kopf warf. Gestern erst hatte sie ihr auch noch heißen Brei auf ihr neues Kleid geschmiert. Stunden hatte sie gebraucht, um das klebrige Zeug aus dem Stoff zu waschen.

Langsam ging Barbara in den Hof, um die herabge-fallenen Eibennadeln aufzukehren, bevor der Vater her-unterkam, sonst waren Prügel fällig. Nur wenig Morgen-licht fiel in den Hof, aber Barbara sah schon von Weitem, dass der Fleck in ihrem Kleid noch immer sichtbar war. Zornig schimpfte sie vor sich hin und merkte, wie ihr vor Wut Tränen über die Wangen liefen. Sie hasste das allmorgendliche Kehren des Hofes, sie hasste das Her-umgescheuche ihres Vaters, aber vor allem hasste sie die Alte, die mit ihr machte, was sie wollte. Eigentlich sollte diese Hexe schon längst mit all ihrer Boshaftigkeit im Fegefeuer schmoren. Denn nur dorthin und nirgendwo anders gehörte sie, wie alle schlechten Menschen. Barbara hielt inne und schaute auf den Boden. Sah die giftigen Eibennadeln, vor denen die Mutter sie immer gewarnt hatte. Schnell kehrte sie alles zusammen und lief in den Stall, um die Gänse und Hasen zu füttern.

»Unger ... Unger ... Uuuunger«, keifte die Alte, wurde immer schriller und lauter. Mit ihren Händen schlug sie dabei auf den Tisch wie ein kleines, ungeduldiges Kind und trat gegen Barbaras Beine, die die mitgebrachten Waffeln in kleine Stücke brach, mit ein wenig Fortuna-Paste bestrich und ihr in den Mund schob. Fortuna, dachte sie traurig, das hier ist alles andere als Glück, das hier, das ist die Hölle.

Während die Alte alles gierig in sich hineinschlang und sich Bier in den Schlund goss, stand Barbara abwesend daneben und schaute aus dem Fenster, sah den blauen Himmel. Tränen liefen ihr über das Gesicht. Nein, das Glück kommt nicht von allein, dachte sie, ich muss es in die Hand nehmen.

Wie im Traum schaute sie auf ihre Hände und hatte das Gefühl, dass jemand sie führte. Dass dieser Jemand den Mund und die Nase der Hirblingerin zuhielt, den Hinterkopf der sich wehrenden Alten an ihren Bauch presste, bis sie endlich leblos zu Boden sank.

Minutenlang stand sie danach regungslos im Raum. Sie hatte nicht den Todesengel gesehen, sie war selbst zu einem geworden.

Niemand hatte sich gewundert, dass die Hirblingerin tot in ihrer Stube lag und Barbara um Hilfe gerufen hatte. Viel zu lange hatten einige schon auf den Tod der

Alten gewartet, und jetzt standen sie alle mit hochroten Wangen in der Stube. Der Arzt stand hinter dem Priester und stierte Barbara an. Aber er stierte sie immer an. Glatzköpfig und spindeldürr wie er war, saß er fast jeden Abend in einer Ecke des Gasthauses, verfolgte sie mit seinen Augen und grinste. Leckte sich dabei unentwegt die Lippen. Barbara ekelte sich immer, wenn sie ihn sah. Auch ihr Vater stand in der kleinen Stube. Trotz der vielen Arbeit hatte er es sich nicht nehmen lassen zu kommen, und Barbara sah seinen Augen an, wie er überall Maß nahm. Bald schon würde er hier einziehen wollen.

»... Sancta Maria, Mater Dei, ora pro nobis peccatoribus nunc et in hora mortis nostrae. Amen.«

Der Pfarrer betete viel zu schnell und hatte wie ihr Vater dieses Glänzen in den Augen. Barbara wusste, dass die Hirblingerin mit ihm ebenfalls zu Lebzeiten einen Erbvertrag geschlossen hatte. Geld für die Kirche. Viel Geld. Was musste die Alte nur für Angst gehabt haben, an der Himmelspforte abgewiesen zu werden. Und sie stand jetzt hier, wartete mit gefalteten Händen, bis die Litaneien ein Ende hatten. Sie, die Mörderin.

Als sich der Pfarrer endlich verabschiedet hatte, begann sie mit der Totenwäsche und kleidete die Alte in das Büßerhemd, dann verließ auch sie das Haus. Plötzlich stand der Arzt neben ihr, grinste sie an, wie er sie immer angrinste. Barbara ging einfach weiter, aber er hielt sie fest. Sie wollte sich losreißen, aber er fasste sie unerwartet fest an beiden Oberarmen und beugte sich über sie.

»Mich kannst du nicht täuschen«, flüsterte er und schüttelte sie dabei, »hörst du?«

Barbara wurde schwindelig.

»Endlich hab ich dich. Heute Abend wirst du in eurem alten Stadl auf mich warten.« Sein fauliger Atem wehte ihr ins Gesicht. »Sonst geh ich zum Rat und werde ihm berichten, wie die Alte wirklich gestorben ist. Dann musst du dort Rede und Antwort stehen.«

Er lachte höhnisch, drückte ihre Arme fester und schüttelte sie noch einmal.

»… lieb und freundlich wirst du zu mir sein heut Abend, hast du verstanden?« Er ließ einen Arm los und fuhr mit seinem Zeigefinger über ihre Lippen. »Oder willst du lieber, dass dir der Henker die Knochen bricht, bis du gestehst?« Lüstern schaute er sie an, öffnete seinen Mund und gierte mit seiner Zunge vor ihrem Gesicht hin und her.

Barbara wollte sich wegdrehen, zwang sich aber, starr stehen zu bleiben und ihren Ekel mit Gewalt zu unterdrücken.

»Ich will wissen, ob du mich verstanden hast?« Noch einmal schüttelte er sie. Barbara nickte. Langsam ließ er sie los und grinste wieder.

»Das hat ja gepasst, dass die Alte endlich ins Gras gebissen hat, oder?« Jacob ließ nicht locker. Für einen kurzen Moment stockte Barbara der Atem. Jacob weiß nichts, kann nichts wissen. Er soll einfach nur still sein. Seinen vorlauten Mund halten.

»Und der schmierige Quacksalber, dass der tot ist, direkt nachdem die Alte gestorben ist – manchmal gibt es schon Dinge, die sind unheimlich. Findest du nicht?«

Zwei Menschen hatte sie mittlerweile auf dem Gewissen. Die Alte erstickt und den Arzt vergiftet. Mit

Eibennadeln. In den Aufstrich hatte sie die gehackt und ihn im Stadl damit abgefüttert. Ihm Bier eingeflößt. Säuselnd, mit falschen Worten und Blicken auf den nächsten Abend vertröstet. Hatte enttäuscht und verzweifelt getan. Der Vater brauche sie im Gasthaus und würde ihr Fehlen merken, hatte sie gesagt. Sie beide wären des Todes, wenn er sie hier finden würde. Der Arzt hatte ihr geglaubt, ihre Brüste geknetet und sich kichernd verabschiedet. Noch eine Waffel mit Aufstrich und ein Bier, dann war er gegangen und kurz vor seinem Haus tot zusammengebrochen. Niemand war auf die Idee gekommen, dass sie etwas mit seinem Tode zu tun haben könnte. Wie hatte die Wahrsagerin gesagt? Sechsmal würde sie den Todesengel sehen.

Trotz der sommerlichen Wärme war ihr kalt. Eiskalt.

»Mach vorwärts«, fuhr sie Jacob unbeherrscht an und deutete dabei zum Himmel, »sonst erreichen wir nie vor dem Regen das Lager.« Er zog die Augenbrauen hoch, zuckte mit den Schultern und wandte sich an Ursula, die vor ihm wie ein junger Geißbock herumsprang und ihm lachend Grimassen schnitt.

Das Lager lag trotz der vielen Wolken vor ihnen in warmes Sonnenlicht getaucht und sah aus wie eine kleine, eigene Stadt. Schon von Weitem hörten sie Musik, lautes Gelächter, und der Geruch von saftig Gebratenem hing in der Luft. Barbara spürte ihre Unruhe. Wenn sie heute nicht diesen Schützen traf, war alles umsonst gewesen. Alles hatte sie daran gesetzt, heute hier zu sein. Sie musste ihn treffen, musste ... Ja, was musste sie?

Ihre Gedanken wurden unterbrochen, als sie den Tanz der Mädchen sah. Alle wirbelten mit lautem Lachen um das Barchenttuch, die Menschen klatschten begeistert dazu. Sie lächelte, freute sich mit Ursula, die sie aus der Ferne bei ihrem Tanz anstrahlte. Wie lange nicht hatte sie solche Ungezwungenheit gesehen? Solch eine Freude all derer, die um sie herum waren. Sie winkte Ursula zu und spürte für einen kleinen Augenblick alles von sich abfallen, klatschte ebenfalls begeistert in die Hände und wünschte sich, dass dieser Augenblick tief in ihrem Herzen einen Platz finden würde. Weit weg war alles, was ihr Sorge bereitete. Dies alles hier war Glück, ein anderes Wort hatte sie nicht dafür. Ohne nachzudenken und ohne zu zögern, drehte sie sich um sich herum und lachte. Heute würde sich ihr Leben ändern, was für ein wundervoller Tag.

Sie wandte sich an Jacob, hakte sich bei ihm unter und kniff ihn in die Backe.

»Lass uns schnell das Bier abladen«, sagte sie, »und dann feiern wir auch ein bisschen. Ursula soll ruhig hier bleiben und ihre Freude haben.«

Jacob schaute sie verdutzt an.

»Nun komm schon«, trieb sie ihn an, »die Schelte, die uns zu Hause erwartet, werden wir schon aushalten.« Zusammen gingen sie zu den Wächtern, um ihre Waren anzumelden und vom Karren abzuladen. Als endlich alles getan war, ging auch Barbara über den Platz und blickte suchend umher. Doch dieser Matthias war nirgends zu sehen. Eine Weile blieb sie bei einem Gaukler stehen und schaute ihm zu, dann ging sie zu den Zelten der Freiburger. Vor Tagen schon hatte sie Ursula vorsichtig ausgehorcht und erkannte nun anhand der Fahnen, dass sie richtig war. Langsam schlenderte sie auf die ersten Zelte zu, schaute sich überall um. Wurde von dem einen oder anderen Schützen angesprochen, wurde zum Tanzen aufgefordert, aber sie wies sie alle ab. Suchte weiter.

Ein Platzregen überraschte alle auf dem Festplatz. Viele eilten zu den nächstbesten Zelten und warteten darauf, dass der Regen wieder aufhörte. Aber sie rannte von Zelt zu Zelt. Ihr Kleid war völlig durchnässt, ihr Rocksaum voller Schmutz.

Da entdeckte sie ihn. Auch er hatte sich in ein Zelt gerettet und trat nun wieder heraus. Das nasse Haar glänzte in der Sonne. Er lachte, drehte sich zur Seite und küsste eine Frau auf den Mund. Nahm sie dann in die Arme, hob sie hoch und wirbelte mit ihr im Kreis. Barbara schlug ihre Hände vor den Mund. Ursula. Das konnte nicht sein. War sie so einfältig gewesen und hatte nichts mitbekommen? Hatte alle Zeichen zu Hause nicht wahrgenommen? Ursula, die immer so aufgekratzt aus der Rosenau zurückkam, von dem Treiben schwärmte, von den gut aussehenden Männern. Wie versteinert stand Barbara auf dem Platz, während alle anderen wieder zu den Ständen gingen, alberten und tanzten. Sie blieb stehen, bis sie den Tumult bemerkte, der sich in der Rosenau breitmachte. Sie sah Männer mit gezogenen Messern. Frauen, die das Weite suchten. Blutende Menschen, die sich auf dem Boden wälzten und stöhnten. Wächter, die versuchten, wieder Ordnung herzustellen. Hörte Schreie von allen Seiten. Sie blieb einfach stehen, konnte sich nicht bewegen, alles an ihr war schwer wie Blei.

Unvermittelt stand Jacob vor ihr, hielt eine um sich schlagende Ursula im Arm.

»Was ist passiert?«, fragte Barbara tonlos.

»Ein Streit«, antwortete er, »unter Schützen. Die Augsburger sind auf die Freiburger los. Keine Ahnung warum, und ...«

»Matthias?«

Jacob senkte seinen Blick und versuchte Ursula weiter zu beruhigen.

Barbara hätte ihre Schwester am liebsten geohrfeigt, hätte all ihre Enttäuschung, ihre Wut an ihr ausgelassen, aber jetzt wollte sie nur wissen, ob Matthias etwas zugestoßen war. Doch mit langen Spießen und lauten Befehlen drängten Wächter alle, die keine Schützen waren, vom Platz.

Barbara stand in der Küche und putzte die letzten Kessel. Von den alten, übrig gebliebenen Brezn hatte sie schon einen herzhaften Kuchen gebacken. Früher hatte ihr diese Arbeit kurz vor dem Zubettgehen besondere Freude gemacht. Doch seit Tagen fühlte sie sich ohne Leben, wie tot. Sie dachte an Ursula, die sich in der Nacht, nachdem sie von Matthias' Tod erfahren hatte, vom Hausgiebel gestürzt hatte. Keinen Ton hatte der Vater, der an so vielem die Schuld trug, gesprochen. Weder vor dem toten Mädchen im Hof, noch später am Grab. Ins Haus der Hirblingerin war er gezogen, und die Eberl spielte sich seitdem als Herrin auf. Kommandierte sie herum und schlug sie, wann es nur ging. Barbara hatte sich um die Geschwister, das Gasthaus gekümmert. War einfach nur wie ein Rad am Wagen gelaufen, ohne einen Gedanken an sich oder die Zukunft zu verschwenden. Sie schaute auf. Und morgen soll ich heiraten, dachte sie, am Vorabend meiner Hochzeit stehe ich in der Küche, putze und mache die letzten Vorbereitungen, während der

Vater bereits mit der Eberl im Bett liegt und sich vergnügt. Höhnisch lachte sie auf.

Sie könnte ja in der Hochzeitsnacht den Brauer umbringen, dann wäre sie Witwe. Für ihn würde ihr auch noch etwas Besonderes einfallen, und dann wäre endlich Schluss. Sie hörte sich selber noch einmal laut auflachen. Hilflos, verzweifelt. Nichts wäre damit zu Ende. Der Vater würde wieder einen anderen Mann für sie suchen. Sie sackte in sich zusammen, dachte wieder einmal an die Prophezeiung der Wahrsagerin.

Sechsmal der Todesengel, hatte es geheißen, erst dann ...

Sie musste für ihr Glück etwas tun, das hatte sie doch schon auf der Wiese in der Rosenau gewusst. Die Wahrsagerin hatte es vorausgesehen. Ihrem Schicksal konnte sie nicht ausweichen. Sie verschränkte die Finger, bis die Knöchel weiß hervorstanden.

Entschlossen stand sie auf, legte Brot und Brezn auf ein Tuch. Nahm einen kleinen Topf und füllte ihren Aufstrich hinein. Fortuna. Sie hastete durch die Küche, nahm hier ein Stück Braten, dort ein bisschen Obst und Gemüse und legte es zu den anderen Sachen, band das Tuch zusammen. Dann nahm sie eine Fackel, ging in das Dunkel der Nacht und schlug einen wohlvertrauten Weg ein. In der kleinen Gasse ging sie von hinten ins Haus der Hirblingerin, nahm ohne zu zögern die Fackel und legte Feuer. Das trockene Holz brannte schnell. Sie schaute um sich, sah niemanden. Rasch ging sie die Gassen bis zur großen Reichsstraße entlang, dann den Milchberg hinunter und beobachtete das Treiben an der Stadtmauer. Von dort sah sie auch das Feuer in der Stadt, hörte sie das Rufen nach Wasser. Niemand nahm sie wahr. Auch nicht, als sie kurz vor Schließung der Tore die Stadt verließ.

Morgen war ihr Geburtstag.

Der 5. August 1509.

Sechsmal sollte sie den Todesengel sehen, hatte die Wahrsagerin gesagt, und dann würde ihr das große Glück begegnen. Dem Todesengel sechsmal begegnet war sie nun, jetzt war sie auf dem Weg zu ihrem Glück. Nichts würde sie aufhalten können.

Ohne Hast ging sie auf den kleinen Weg am Ufer des Lechs zu. Niemand sollte sie entdecken. Ein Stück würde sie noch gehen und dann irgendwo zwischen den Büschen bis zum Morgengrauen warten. Ein paar Handelsreisenden würde sie sich anschließen. Vielleicht würde sie sogar bis Freiburg gehen. Allein. Ich werde das Glück schon sehen, dachte sie. Von Weitem hörte sie die Nachtwächter die Mitternachtsstunde ausrufen. Sie lachte, hüpfte auf dem kleinen Pfad hin und her, hätte gerne laut gesungen. Sie drehte sich im Kreis, winkte dem Mond zu. Als sie noch einmal in die Luft sprang, glitt sie die Böschung hinab, rutschte ins Wasser. Die Strömung war hier stark und spülte sie gleich ein paar Meter weiter. Sie versuchte sich an irgendetwas festzuhalten, ließ ihr Bündel los. Steine schürften ihre Arme und Beine auf, sie schluckte Wasser. Immer mehr wurde sie in die Mitte des Flusses getrieben.

Glück, hatte die Wahrsagerin gesagt. Barbara ruderte mit den Armen gegen den Fluss an. Gelogen hatte sie, mir mitten ins Gesicht gelogen und deswegen hatte sie auch so herumstottern müssen. Sie hat etwas ganz anderes in meiner Hand gesehen.

Mein Unglück hat sie gesehen.

Barbara fand keinen Halt mehr, für einen Moment konnte sie kurz ihren Kopf über Wasser halten. Rief nach Hilfe ...

Am 5. August 1509.

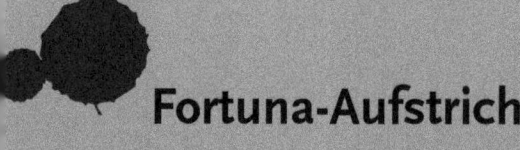

Fortuna-Aufstrich oder
»Falsche Leberwurst«

Zubereitung

Die Gemüsebrühe mit dem Lorbeerblatt, den Pimentkörnern und den Wacholderbeeren aufkochen. Zwei Schalotten in feine Würfel schneiden, in 50 g Butter andünsten, Hefe hineinbröckeln, unter Rühren auflösen und durchschwitzen. Die Knoblauchzehe fein reiben und hinzugeben. Mit der Brühe aufgießen. Das Vollkornmehl einrühren und alles ca. 3 Minuten weiterkochen. Zwischendurch immer wieder durchrühren. Mit Majoran, Thymian, Petersilie, Salz und Pfeffer würzen. Wenn die Masse noch lauwarm ist, einen Schuss Essig und die restlichen 50 g Butter unterrühren. In hübsche Gläser oder Steinguttöpfe abfüllen und ein, zwei Tage ruhen lassen.

Mit Brot oder Brezn, Butter und einem frischen Bier servieren!

Zutaten

250 ml Gemüsebrühe
1 Lorbeerblatt
2–3 Pimentkörner
1–2 Wacholderbeeren
2 Schalotten
100 g Butter
40 g Hefe
1 Knoblauchzehe
50 g Vollkornmehl
(Gerste, Roggen, Weizen
oder Dinkel)
Majoran, Thymian, Petersilie, Salz, Pfeffer
1 Schuss Essig

Hauptspeisen
Teil 1

Friedrich Ani
Blutige Mitternachtsbrezen

für Peter Probst

Dem Rossmann Dieter seinem Schwager war die Frau weggelaufen. Schlimme Sache. Polizeiobermeister Bartl hatte die Sache am Hals, und das schnürte ihm praktisch die Luft ab. Durfte natürlich niemand mitkriegen, war klar. Denn der Bartl kannte die Ilona besser als er sollte, zumindest nach Meinung von Ilonas Mann Sigi. Siegfried und Ilona Schallner waren seit neun Jahren verheiratet, er hatte den Friseurladen seines Vaters übernommen, sie arbeitete in der Bank ihres Bruders Dieter, und ihr neugebautes Haus in der Alten Straße war praktisch abbezahlt. Dafür sorgte schon der Rossmann Dieter. So war das üblich in Kochel am See.

Wenn Polizeiobermeister Bartl durch seinen Heimatort spazierte, empfand er größtmögliches Glück. Hier war er geboren – nicht direkt in Kochel, sondern ein paar Kilometer weiter in Benediktbeuern im dortigen Krankenhaus, das heute nicht mehr existierte –, hier hatte er eine unbeschwerte Kindheit verbracht. Hier sah er im Süden den Herzogstand, seinen Hausberg, und im Norden das Moor, wo er legendäre Begegnungen mit Mädchen gehabt hatte. Für den Bartl Bene gab es auf Gottes weiter Erde kein liebenswerteres Dorf als Kochel am See, und nicht für eine Million Euro würde er seinen Arbeitsplatz eintauschen gegen einen in der Kreisstadt Bad Tölz oder der Landeshauptstadt München.

Wenn Benedikt Bartl morgens in seiner Wohnung in der Bahnhofstraße aufwachte, war er augenblicklich erfüllt von Wohlbehagen. Und jetzt war die Ilona weg. Und er hatte die Sache am Hals. Und eine Leiche im Keller.

Eine Leiche im übertragenen Sinn. Eine Sexaffäre mit einer verheirateten Frau war in dem Sinn keine Leiche, schon klar. Aber wenn man zum Schnackseln jedesmal in den Keller ging, damit niemand einen erwischte, tat man – so dachte der katholische Bartl auf dem Weg zum *Hotel zur Post* – etwas eher Sündhaftes. Ja, etwas Böses womöglich, das im Angesicht des Herrn nicht weniger wog als eine Leiche, die man verbarg, weil man als Mörder nicht enttarnt werden wollte.

Manchmal wünschte sich Polizeiobermeister Bartl einen Menschen, mit dem er über all das hätte reden können. Da war aber kein Mensch. Nur alte Schulfreunde und Arbeitskollegen und die paar Dorfleute, die wie er jeden Tag in der *Post* zu Mittag aßen.

»Hostu scho a Schpua?«, fragte ihn Cindy, die Bedienung.

Er schüttelte den Kopf, führte den Suppenlöffel zum Mund und bemerkte am Tisch gegenüber den Blick vom Esche Hermann. Der Bartl kostete von der heißen Grießnockerlsuppe und legte den Löffel in den Teller. Dem Esche Hermann sein Geschau war dem Bartl schon in der Volksschule auf den Zeiger gegangen. Der Esche schaute immer so, als wäre er superwichtig oder wüsste was Riesiges.

»Is wos?« Der Bartl konnte auch schauen, als wäre er superwichtig. Und im Gegensatz zum Esche Hermann war er superwichtig, er war Polizeiobermeister und stellvertretender Inspektionsleiter.

»Das frag ich dich.« Esche, Zahnarzt mit Praxis in der Schlehdorfer Straße, tupfte sich mit der Papierserviette den Mund ab.

Fotzenflicker, bläder!, dachte der Bartl.

»Wo kanntn di sei, die Ilona?«, sagte Cindy, die immer noch neben dem Bartl seinem Tisch stand. »Di haut do net auf oamoi ab, sowos macht do koana, oder? Oder wos sogst du, Bene? Du bist do da Bolizist.«

Der Polizist streckte den Rücken. »Pass ma auf, Esche!«, rief er. Die übrigen sieben Gäste unterbrachen ihre Gespräche und das Zerschneiden ihrer Schweineschnitzel. »I bearbeit den Fall seit gestern dauernd, und wenns wos Neis gibt, stähts morgn in da Zeidung. Mahlzeit.«

Er hatte sich gehen lassen, das wusste er sofort, aber jetzt war es zu spät zum Umkehren. Scheiß drauf, dachte er dann, im Grunde hatte er genau richtig reagiert. Fotzenflicker, arroganter!

Der Bartl schickte noch einen beredten Blick an den Tisch des Zahnarztes und widmete sich wieder seiner Suppe.

»Moxt a kloans Bier, Bene?«

»I drink net im Dienst, des woaßt du genau, Cindy.«

»Tschuldigung.« Für eine Zeit lang verschwand die Bedienung in der Küche. Mit dem Bartl Bene hätte Cindy sich sofort eingelassen. An manchen Tagen war sie dermaßen verliebt in ihn, dass ihre Hände zitterten, wenn sie ihm das Essen servierte. Sie begriff überhaupt nicht, wieso er so gar nicht auf sie reagierte. Sie fand sich hübsch und ordentlich gebaut, und ledig war sie auch und treu. Die anderen Männer wollten immer nur mit ihr schlafen und sonst nichts, aber sie stellte sich eine feste Beziehung vor und später auch eine Ehe. Für Kinder fühlte sie sich schon zu alt, sie war 37, aber das machte ihr nichts aus.

Der Bartl Bene war nicht verheiratet, und seine letzte Beziehung (mit der Ebert Lisa) lag mindestens zwei Jahre zurück, wenn Cindy sich nicht verrechnete. Und sie verrechnete sich eigentlich nie, in ihrem Herzen genauso wenig wie in der Gaststube.

»Stimmt so«, sagte der Bartl und stand auf. Cindy wartete noch, bevor sie die Münzen vom Tisch nahm, weil ihre Hände so zitterten.

Auf dem Parkplatz, vor dem gusseisernen Denkmal des Schmieds von Kochel, stand Esche, der Zahnarzt, und rauchte.

»Wartstu auf mi oder wos?«, sagte der Bartl.

»Ich rauch, das siehst du doch. Du hast einen Fleck auf deiner Uniform.«

»Scho recht.«

»Und wo ist die Ilona Schallner?«

Der Bartl nickte. Den Fleck auf seiner Uniformjacke hatte er schon bemerkt, dann wieder vergessen. Das ärgerte ihn dermaßen. Von dem Esche würde er sich trotzdem nicht provozieren lassen.

Der Zahnarzt trat die Kippe aus. »Die Ilona war letzten Freitag bei mir in Behandlung, sie hat angedeutet, dass sie ein paar Sachen ändern muss. Und dein Name ist auch gefallen.«

»Aha.«

»Du sollst einen Streit mit dem Sigi gehabt haben, sagt die Ilona, und sie hätte Angst vor ihrem Mann.«

»I hob koan Streit mit dem Sigi. Servus.« Bartl wandte sich zum Gehen.

»Ist da was zwischen dir und der Ilona?«

Ungefähr vier Sekunden schossen ein paar Gedanken durch dem Bartl seinen Kopf, die ihn beinah verraten hätten. Dann beruhigte er sich wieder. »Da is nix. Und jetz pass moi auf: wenn du wos woaßt über die Ilona, des wo i aa wissen miaßat wegen dem Fall, dann sog's glei, sonst lass i di abhoin. Verstanden?«

»Du willst mich abholen lassen?« Der Zahnarzt lächelte, und seine Zähne glänzten in der Sonne. »Bist du jetzt bei der SS? Komm doch vorbei und versuch, mich abholen zu lassen. Dann stehst du morgen in der Zeitung. Servus.« Er ging in Richtung Schlehdorfer Straße davon.

Dem Bartl loderte eine brutale Gemeinheit auf der Zunge. SS! Wo doch jeder Depp im Landkreis wusste, dass sein Großvater ein bekannter Widerstandskämpfer gewesen war! Wie überhaupt ganz Kochel in den Geschichtsbüchern als einer der unerschrockensten und wehrhaftesten Orte gegen die Nazis galt. Dorfbewohner hatten aus München geflohene Juden und andere von der SS gejagte Menschen unter Lebensgefahr in ihren Wohnungen und in den Wäldern ringsum versteckt. Nach dem Krieg erlangte ein Großgrundbesitzer, der den Nazis getrotzt und unzählige Flüchtlinge in seinen Stallungen vor dem sicheren Tod gerettet hatte, weltweiten Ruhm, als er ein Buch veröffentlichte, in dem er Kochels heroische Leistung während des »Tausendjährigen Reichs« in aufwühlenden Details beschrieb und sich dankbar und demütig zeigte, Mitglied einer solchen Dorfgemeinschaft zu sein. Später wurde er Bürgermeister und verkörperte bei den alljährlichen Heimatfestspielen den Schmied von Kochel, der seinerzeit im Kampf gegen die Habsburgischen verraten worden war und in der Sendlinger Mordweihnacht in Tapferkeit fiel.

Dem Bartl sein Großvater war der beste Freund jenes legendären Landwirts und Schmied-von-Kochel-Darstellers gewesen. Ihn, den Enkel, als SSler zu beschimpfen, war deshalb eine so niederträchtige Beleidigung, dass der Bartl überlegte, ob er den stinkenden Fotzenflicker nicht irgendwie rechtlich belangen könnte.

In der Inspektion stellte Polizeihauptmeister Mayr eine Frage, die er seinem Kollegen seit gestern Mittag, als der Rossmann Dieter erklärte, seine Schwester sei spurlos verschwunden, schon mindestens fünfmal gestellt hatte. »Der Schallner Sigi, wieso meldet der seine Frau nicht offiziell als vermisst? Wieso wird da so geheimnisgekrämert?«

Für den von der Natur mit einer Überdosis Misstrauen infizierten und von Grünwald nach Kochel umgezogenen Polizeihauptmeister wurde im Dorf praktisch täglich von irgendjemandem irgendetwas geheimnisgekrämert. Mayr hielt sogar seine eigene Ehefrau für eine zu allem fähige Trickserin.

»Und wieso krieg ich da immer noch keine Antwort drauf, Bene?« Mayr zog eine Prise Schnupftabak ins linke Nasenloch und gab ein Grunzen von sich. »Und was war heut in der Post? Was sagen die Leut? Hast was rausgekriegt? Weil wenn nicht, legen mir die Sache zu den Akten. Ich schlag mich damit net rum, ich bin net zuständig für Vermisste. Da gibt's extra Kollegen in München, die wo des können: wen finden.«

Am Waschbecken ließ der Bartl heißes Wasser über den Zipfel eines Handtuchs laufen und rieb damit über die fleckige Stelle auf seiner Dienstjacke. Der Fleck war jetzt schwarz und nass. »Die Cindy sogt, sie hätt die Ilona gestern Vormittag beim Vorbeiradeln vorm Supermarkt gseng, sie is da rumgstandn. Aloa.«

»Allein? Gestern Vormittag? Wieso steht die vor dem Supermarkt rum? Wieso war die nicht in der Arbeit?«

»Sie hot freighobt, si hot oiwei am Dienstag frei, des hot der Dieda doch vazäit.« Der Bartl goss Kaffee in eine Tasse und hockte sich zu seinem Vorgesetzten an den kleinen runden Tisch neben dem Kühlschrank. Das war der Entspannungstisch.

Mayr klopfte mit dem Zeigefinger auf seiner Nase herum. Das machte er immer, wenn er schnupfte. Das Geräusch, fand der Bartl, klang hohl und nervig. »Ich bin später dazugekommen gestern, schon vergessen? Des ist doch keine Aufgabe für uns, so eine Suche nach jemand, der nicht mal offiziell vermisst wird. Der Bruder weiß gar nix, der sagt, die ist weg und es ist was passiert, aber was, des weiß er nicht.«

Für den Bartl entwickelte sich die ganze Situation allmählich zu einem Kreuzweg. Jetzt hockte er in der Dienststube, seinem Chef gegenüber, aufgebläht vom mittäglichen Hirschgulasch, ohne die Lizenz zum Schnapseln. Noch dazu als sowas wie ein letzter Zeuge.

Wie lang, überlegte er und setzte dabei ein Gesicht auf, das er für unauffällig hielt, war die Ilona am Sonntag bei ihm geblieben, während der Schallner wie üblich in Heilbrunn beim Frühschoppen versumpfte? Bis um 15 Uhr ungefähr. Dann haute sie ab. Er hätte eh nicht mehr können. Seit gestern früh war der Schallner auf einer Tagung in Nürnberg, noch bis Freitag. Als der Bartl ihn gestern Nachmittag endlich am Handy erreichte und ihm mitteilte, dass der Rossmann Dieter behauptete, seine

Schwester sei spurlos verschwunden, hatte der Schallner bloß gelacht und gemeint, die Ilona wär wahrscheinlich bei ihrem Liebhaber auf dem Herzogstand. Soweit er wisse, habe sie ihre Mutter in Murnau besuchen und da auch übernachten wollen, und jetzt müsse er das Gespräch beenden, weil der nächste Vortrag beginne.

Ilonas Mutter in Murnau hatte keine Ahnung. Von nichts. Sie lebte in einem Seniorenheim und erinnerte sich hauptsächlich an den eisigen Winter 1945 auf 46 und an die kalten Betten im Krankenhaus, wo sie als Dreijährige lag und fast gestorben wäre. Wann ihre Ilona sie zum letzten Mal besucht hatte, wusste die Alte nicht. Die Heimleiterin wusste es auch nicht. Niemand wusste etwas über den Verbleib der Ilona.

»Wieso schaust du so blöd?«, fragte Polizeihauptmeister Mayr.

Der Bartl zuckte zusammen, was ihn sofort ärgerte. »Schau doch säiba bläd! I denk nach.«

»Worüber?«

»Über ois.«

»Über alles? Sehr gut, Kollege. Dann denk mal drüber nach, wie wir am nächsten Wochenende dafür sorgen können, dass die Leut ihre Autos nicht wieder im Geiger seinem Hof parken und auf seinem Feld daneben. Das war ja eine Katastrophe im letzten Jahr. Wir haben total versagt mit unsern polizeilichen Maßnahmen, eine Schande war des.«

Jedes Jahr am dritten Aprilwochenende strömten Hunderte von Besuchern nach Kochel, um das farbenprächtige Tulpenmeer am Fuße der Kohlleite zu bewundern. Aus bisher unerforschten Gründen blühten unterhalb des Hügels im Osten des Dorfes Tausende von wilden bunten Tulpen. Ein Wunder, eine Touristenattraktion. Natürlich kamen die meisten Leute mit ihren Autos, die sie irgendwo hinstellen mussten. Das Anwesen des Geiger-Bauern lag günstig, groß war es auch, ideal zum Parken. Um ein Haar hätte der Geiger die Gemeinde auf Schadensersatz verklagt, lange Gespräche wurden geführt, bis der Bürgermeister hoch und heilig versprach, die Polizei werde heuer den Verkehr so regeln, dass weder der Geiger-Bauer noch andere Grundbesitzer in der Nähe der Kohlleite zu Schaden kämen. Schwieriges Unterfangen, meinte Polizeihauptmeister Mayr. Bläder Scheiß, meinte Polizeiobermeister Bartl.

In dem Moment, als Inspektionsleiter Mayr aufstehen und den Fall – falls es überhaupt einer war – zu den Akten legen wollte, klingelte das Telefon auf dem Tisch. »Polizei Kochel, Grüß Gott«, sagte er. Dann hörte er eine Minute zu, bevor er seine Dienstmütze aufsetzte. »Der Birkeneder von der Wasserwacht hat eine weibliche Leiche am Loisach-Ufer gefunden. Er sagt, die Frau kommt ihm bekannt vor, schaut aus wie die Schallner Ilona.«

Es war Ilona Schallner. Sie war erschlagen worden, ihr Hinterkopf wies zwei klaffende Wunden auf. Der Täter hatte die Leiche in der Nähe der Brücke abgelegt. Reifenspuren im Gras. Die Mordkommission aus Bad Tölz würde jeden Moment eintreffen. Der Mittwoch war gelaufen.

Dem Bartl sein Kreuzweg war noch nicht zu Ende, das spürte er deutlich. Die Mordkollegen würden herauskriegen, dass er am Sonntag mit der Ilona zusammen gewesen war. Dass er schon länger ein Verhältnis mit ihr gehabt hatte. Dass er mit ihr in den Keller zum

Schnackseln gegangen war, und zwar im praktisch schon abbezahlten Haus des Ehepaars Schallner. Dass er sich mit dem bescheuerten Sigi gestritten hatte, was die Ilona auch noch diesem selbstgefälligen Fotzenflicker von Zahnarzt erzählt hatte, aus welchen kranken Gründen auch immer.

Das fliegt alles auf, dachte der Bartl. Die Sache mit dem Geld, das Ilona für das Geschäft ihres Mannes von der Bank abgezweigt hatte. Die Sache mit dem Einbruch im Postamt, bei dem 150.000 Euro gestohlen wurden, die Ilona dringend brauchte, um ihre Tricksereien gegenüber ihrem Bruder in der Bank zu vertuschen. Die Sache mit dem nächtlichen Verkehrsunfall, den Bartl mit seinem alten VW besoffen verursacht hatte, und bei dem ein Urlauber schwer verletzt worden war. Der nüchterne Esche Hermann, der mit im Wagen gesessen hatte, übernahm die Verantwortung, ein cleverer Anwalt sowie der »herbeigerufene« Polizist Bartl drehten den Unfallhergang so, dass der ebenfalls betrunkene Gast aus Oldenburg praktisch selber schuld war.

So lief das in einem Dorf, in dem jeder jeden kannte und in dem man aufeinander angewiesen war. Und Kochel am See war bekannt für seine intakte und fürsorgliche Dorfgemeinschaft. Das war man schon der eigenen gloriosen Vergangenheit schuldig.

Und ich, dachte der Bartl, weiß viel, eigentlich alles, ohne mich geht nichts.

Die Mordkollegen, klar, schnappten sich erst einmal den Ehemann, ließen ihn von Nürnberg nach Kochel zurückbringen und quetschten ihn aus. Dass Ilona und er in jüngster Zeit ständig Streit hatten, wusste das ganze Dorf, doch für die Tatzeit – Montagnacht zwischen

Mitternacht und ein Uhr – hatte Siegfried Schallner ein bäriges Alibi. Polizeiobermeister Bartl bestätigte, dass der Friseur bis nachts um drei bei ihm zum Pokern gewesen sei und er ihn dann – »superzua wia der war« – auf der Couch habe übernachten lassen.

Die ersten 48 Stunden nach Auffindung der Leiche vergingen, und die Mordler hatten noch keine heiße Spur. Das war dem Bartl Bene mehrere Weißbiere wert, während der Rossmann Dieter allein in seinem Wohnzimmer saß und heulte.

»Du bist des gräßte Arschloch überhaupts«, sagte der Bartl zum Schallner. Sie standen in Bartls Küche, von drüben dröhnte der Fernseher herüber. »Du host di Ilona daschlogn, bloß weï's weg woit von dir. Du bist a Viech, Sigi, sonst nix.«

»Dankschön fürs Alibi«, sagte der Schallner.

I kriag eich olle, dachte der Bartl, i werd no amoi Bürgermoasta.

»Mia hoitn zamm in Kochel, des war immer scho so und des bleibt aa so«, meinte der Schallner. »Treff ma uns inna Stund in da Post. I sitz dann da traurig, und du kummst dazua und tröstest mi. Und späda, vastähst, nimm i die Cindy mit hoam. Damit i net so aloa bin, woaßt scho. Die Cindy ghört nämlich jetza mia.«

»Scho recht.«

An der Tür umarmte der Schallner den Bartl. »Unsere Großvodan warn im Widerstand, und mia sans oiwei no.« Beschwingt stieg er in seinen silbergrauen BMW, und Bartl schlug die Haustür zu.

Ungefähr um dreiviertel zwölf in der Nacht parkte der Bartl seinen VW Golf hinter dem *Hotel zur Post*. Er ging über den dunklen Hof, fünf Weißbiere im Kopf und zwei Bärwurz, da trat jemand von hinten auf ihn zu, packte seinen Kopf mit beiden Händen und riss ihn herum. Ein Knacken. Dann Stille. Dann zirpten wieder die Grillen.

Der Schallner Sigi saß todtraurig am Tisch beim Tresen und ließ sich von der Cindy über den Arm streichen, als der Esche Hermann, der sich wie in einer Winternacht die Hände rieb, in die Gaststube kam, neben dem Schallner Platz nahm und diesem kameradschaftlich und wortlos auf die Schulter klopfte.

»Moxt an Schnaps, Herr Doktor?«, fragte Cindy.

»Sehr gern.«

»Wo bleibtn der Bene?«, fragte der Sigi mit tränenerstickter Stimme.

»Ich wunder mich auch«, sagte der Esche fast weihnachtlich.

Die Tür zur Küche ging auf, und ein junger Hilfskoch brachte eine Schüssel und einen Korb mit frisch aufgebackenen Brezen. In der Schüssel schwammen acht Weißwürste in heißem Wasser. »Den Senf bringi extrig«, sagte der junge Mann.

»I hob ma dacht, was Warms duad jetz guat.« Die Bedienung verteilte das Besteck und legte auf zwei Teller jeweils zwei Weißwürste. Der Schallner griff nach einer Breze und riss ein Stück ab. Erschrocken ließ er es auf den Teller fallen. »Do is ja a Bluad dro!«

Cindy nahm das Brezenstück in die Hand. »Mei, der Klausi, unser Lehrbua«, sagte sie. »Hot er sie wieda in'n Finger gschnittn, der Dödl. Der is so ungschickt, mir ham den von Bichl drüben. Duad ma wahnsinnig leid, Sigi.«

»A wos«, sagte der Schallner und nahm der Cindy die Breze aus der Hand. »Des Bluad macht mir nix, Bluad is xund.« Dann biss er herzhaft in die Breze mit den Blutflecken und bemerkte nicht, wie Cindys Hand unter dem Tisch nach der des Zahnarztes griff. Dr. Esche lächelte, und seine Zähne glänzten sogar im matten Licht der Gaststubenlampe.

Brezenguglhupf

Zubereitung

Semmeln und Brezen klein schneiden, mit der heißen Milch und der Sahne übergießen und 10 Minuten abgedeckt stehen lassen. Die Zwiebel in kleine Würfel schneiden, in der Butter glasig dünsten und zur Brezenmasse geben. Mit Salz, Pfeffer und Muskatnuss abschmecken. Die Eier trennen, die Eigelbe beimengen. Die Eiweiße mit dem Mehl cremig schlagen und unter die Masse heben.

Eine Guglhupfform ausbuttern, mit Semmelbrösel ausstreuen, die Masse einfüllen und im Ofen bei 160 °C 35–45 Minuten backen.

Der Brezenguglhupf passt zu einem Ochsenschwanzerl, zu Wildgerichten und jeder Art von Ragout oder Braten und selbstverständlich hervorragend zu einer Schwammerlsoß (siehe S. 95).

Zutaten

2 altbackene Semmeln
5 altbackene Brezen
500 ml heiße Milch
125 ml Sahne
1 kleine Zwiebel
60 g Butter
Salz, Pfeffer, Muskatnuss
3 Eier
10 g Mehl
Semmelbrösel

Lotte Kinskofer
Schatten morden nicht

Etwas stimmt nicht. Das merkt Puck sofort, als er das gediegene Restaurant am Fischmarkt betritt. Er bleibt mitten in der Gaststube stehen. Starrt sie direkt an.

Natürlich bemerkt sie ihn. Das weiß er. Einen Moment lang hat er fast den Eindruck, sie lächle ihn an. Überlegen, triumphierend. Dabei hat sie ihn bisher doch ignoriert, wochenlang durch ihn hindurchgesehen, als gäbe es ihn nicht. Was ihn irritiert: Sie ist allein. Das war noch nie so.

Wo ist Mayrhofer? Er müsste hier sein, bei seiner Frau. Die beiden verbringen ihre Tage oft getrennt, aber abends treffen sie sich immer um 18 Uhr zum Essen. Zwei Mal die Woche hier, am Fischmarkt. Heute läuft etwas außer Plan. Das macht ihn nervös. Die Frau hingegen bleibt ruhig. Sie tut, was sie immer tut. Das beruhigt ihn zunächst. Jeder kann sich mal verspäten, auch Mayrhofer.

Sie spricht mit der Bedienung. Doch was sagt sie? Er kann es nicht verstehen. Dass sie auf ihren Mann wartet oder dass sie es nicht tut? Ah, sie schiebt die Karte beiseite und bestellt. Puck braucht es nicht zu hören, denn er weiß Bescheid: ein Wasser ohne Kohlensäure und Fisch oder Fleisch, mit Salat oder Gemüse. Er kennt ihre Vorlieben, ebenso wie die ihres Mannes. Schließlich beobachtet er beide seit einiger Zeit.

Puck setzt sich in Hörweite der Frau, aber mit dem Rücken zu ihr. Er muss erst mit seiner Irritation fertigwerden, dann die Konsequenzen durchdenken. Die Unruhe steigt wieder auf. Die neue Situation verwirrt ihn. Wo ist ihr Mann? Er ist noch nie zu spät gekommen. Warum ist er, Puck, verunsichert, sie aber offensichtlich nicht? Er hätte Mayrhofer heute nicht aus den Augen lassen dürfen. Aber nachdem sein Feind nach dem Frühschoppen wieder nach Hause gefahren ist, hatte Puck beschlossen, sich etwas Ruhe zu gönnen. Seit zwei Tagen quält ihn diese Migräne. Er würde sich in seinem kleinen Zimmer hinlegen und ausruhen. Abends hier im Lokal, da träfe er Mayrhofer und seine Frau wieder, dachte er.

Doch Mayrhofer ist nicht da.

In Puck steigt das Gefühl hoch, dass er am falschen Ort ist. Vielleicht passiert gerade irgendetwas – und er weiß nicht, wo und was. Denn er sitzt hier und …

»Was darf ich Ihnen bringen?«

»Eine Apfelschorle, bitte.«

Die Bedienung im feschen Dirndl lächelt ihm zu, reicht ihm die Speisekarte und verschwindet.

Bayerische Spezialitäten. Wie er das früher gehasst hat. Die Weißwürste, die Schlachtplatte, der Leberkäs, die Bratwürstl. Am meisten aber die Knödel, die für ihn mehr Ähnlichkeit mit Wurfgeschossen als mit einer Beilage hatten.

Aber er hat sich angepasst. Seit er hier in Regensburg ist, ernährt er sich wie der Mann, den er beobachtet. Werner Mayrhofer isst gerne Semmelknödel mit Rahmschwammerl. Und Puck tut es inzwischen auch. Die Sache hat einen Vorteil. Es ist ein preiswertes Gericht. Er hat nicht viel Geld. Nicht mehr. Und er weiß auch nicht, ob sich das noch einmal ändern wird.

Warum taucht Mayrhofer nicht auf, verdammt noch mal?

Er holt sein Notizbuch heraus, blättert es durch.

Mayrhofer ist bislang immer als Erster gekommen, vor seiner Frau. Sie dann mit Einkaufstüten bewaffnet. Hat ihn geküsst: »Wie war dein Tag, Liebling?«

Mayrhofer bestellt immer zuerst ein Weißbier und sieht sich dann die Seite mit den bayerischen Schmankerln in der Speisekarte an. Meistens trägt er eine Art Lodenjoppe, er spricht breites Bayerisch, das gemütlich klingt, von dem sich der Beobachter aber nicht täuschen lassen sollte. Hinter dieser jovialen, gemütlichen Art verbirgt Mayrhofer eine kriminelle Energie, die nicht nur Puck ruiniert hat.

Er hasst diesen Werner Mayrhofer. Und doch ist der für ihn wie ein guter Bekannter, fast ein Freund. Er kennt diesen Mann besser als alle anderen Menschen. Er hat sich mit seinen Gewohnheiten vertraut gemacht, mit diesem fremden Leben. Sein Feind ist der erste Mensch, mit dem er, der Einzelgänger, wirklich etwas zu tun hat, dem er nahegekommen ist.

Als Finanzbeamter ist er eigentlich ein Mann der Vorschriften und Zahlen. In seiner Welt gehen Rechnungen immer auf. Betrug wird bestraft, alle Bürger, deren Steuererklärung er bearbeitet, sind für ihn gleich. Jeder bekommt das, was er verdient, was ihm zusteht. Jeder muss zahlen, was vorgeschrieben ist.

Durch Mayrhofer und dessen Frau hat Puck gelernt, dass die Wirklichkeit draußen anders aussieht: Wer sich an das Gesetz hält, ist ein Idiot. Wer recht hat, bekommt nicht unbedingt Recht. Er wird betrogen und dann auch noch verspottet.

Puck will Gerechtigkeit. Dafür hat er seinen ganzen Jahresurlaub genommen, ist von Bielefeld hierher nach Regensburg gekommen. Er hat dieses Paar zur Rede gestellt, diese Gauner, die ihm sein Geld aus der Tasche gezogen haben. Sie haben ihn ausgelacht. Er ist eben so dumm gewesen, ihnen zu vertrauen, sich betrügen zu lassen. Das haben sie ihm gesagt. Das ist es, was ihn am meisten schmerzt. Denn sie liegen richtig.

Dennoch hat er nicht aufgehört, sie zu verfolgen. Inzwischen gibt es ihm ein Gefühl von Macht, er ist nicht so hilflos. Wie lange können sie das noch durchhalten, ihn zu ignorieren? Wie ein schlechtes Gewissen will er hinter ihnen herschleichen, bis sie mürbe sind. Ihr Schatten will er sein, bis sie ihn ernst nehmen.

Das Gaunerpaar ist durch den Handel mit Schrottimmobilien reich geworden. Das Haus am Rande von Regensburg. Der große Garten. Der Swimmingpool. Er kennt das alles. Sein Geld steckt in diesem luxuriösen Leben.

Lange hat Puck gedacht, die beiden seien ein ideales Paar. Glücklich. Zufrieden. Einander zugewandt. Doch auf einmal wird ihm, dem Alleinlebenden klar, dass das Schweigen kein einvernehmliches ist. Keine vertraute Gemeinsamkeit, sondern das Schweigen derer, die sich nichts mehr zu sagen haben. Sie sind reich, haben aber keine Freude mehr aneinander. Puck sieht sich in seiner Meinung bestätigt: Es ist besser, allein zu sein.

Ja, er hat sich das Leben dieses Paares zum eigenen Lebensinhalt gemacht. Erst haben sie es auch nicht vor ihm verborgen, obwohl sie wussten, dass er sie beobachtet. Seit wenigen Tagen versucht Mayrhofer, seinem Schatten immer wieder zu entwischen. Aber Puck hat ihn doch eingeholt und ist auch hinter Mayrhofers Geheimnis gekommen. Werner Mayrhofer hat neuerdings eine Geliebte.

Puck ist sicher, dass die Frau es noch nicht weiß. Er überlegt seit Tagen, ob er sie mit seinem Wissen konfrontieren soll. Was wird es ihm bringen? Macht es ihn zufrieden zu wissen, dass dieses Paar mit seinem und anderer Leute Geld nicht glücklich ist? Nein, denn sie haben ihm doch viel mehr genommen als nur sein Geld. Seine Würde, seinen inneren Frieden, seinen Glauben an eine Ordnung in dieser Welt. Und das hätte er gerne wieder. Deshalb verfolgt er die beiden.

Er sieht aus dem Augenwinkel, dass ihm die Bedienung sein Essen bringt. Ein großer, tiefer Teller, dampfend. Er klappt sein Notizbuch zu und steckt es ein. Bemüht sich, das Lächeln der freundlichen jungen Frau zu erwidern.

»Einen guten.«

Semmelknödel. Leider hat er allen Appetit verloren. Denn seine Intuition meldet sich wieder. Irgendetwas stimmt nicht. Aber er kann es nicht greifen.

Das Klingeln eines Handys reißt ihn aus seinen Gedanken.

»Werner, bist du das?«

Er hört ihre Stimme, legt sein Besteck weg, hört auf zu kauen und konzentriert sich ganz auf das, was sie sagt.

»Oh, mein Gott!«, ruft sie laut. »Das kann nicht sein! Nein, nein ...«

Das Entsetzen in ihrer Stimme. Die Angst, die Sorge, die Verzweiflung.

»Ich muss nach Hause, es ist etwas Schreckliches passiert«, hört er sie zur Bedienung sagen, die dann ihr Bedauern ausdrückt und ihr »Alles Gute« nachruft.

Er schiebt das Essen weg, dreht sich um. Die Bedienung steht da, einen 50-Euro-Schein in der Hand. Sie sieht zur Tür, durch welche die Frau gerade verschwunden ist. Menschen an anderen Tischen sind auf die Szene aufmerksam geworden.

»Was ist denn passiert?«

»Vielleicht ein Unfall ...«

»Arme Frau ...«

Er winkt der Bedienung und zahlt ebenfalls.

»Hat es Ihnen nicht geschmeckt?«, fragt sie mit Blick auf den nur halb leer gegessenen Teller.

»Ich habe heute nicht so viel Appetit«, erklärt er und steht auf.

Er geht ohne allzu große Eile. Die Frau hat gesagt, sie müsse nach Hause. Er weiß also, wo er sie finden wird.

Er nimmt den Bus, geht durch die Straßen des Marktfleckens Lappersdorf bei Regensburg. Hier wohnen Mayrhofers. Würde er hier leben wollen, wenn er so reich wäre? Vielleicht. Mayrhofers haben ein schönes Anwesen, hier ist es ruhig, die Stadt ist nicht weit.

Doch jetzt ist die kleine Straße, in der sie ihr Haus haben, zugeparkt. Polizei, Notarzt, eine Menschentraube.

Die Frau steht im Vorgarten. Fassungslos starrt sie auf das Haus, auf den Swimmingpool, auf die abgedeckte Leiche, die daneben liegt, die beiden Männer, die einen Sarg in den Garten tragen.

Sie beginnt laut zu weinen, es stört sie offenbar nicht, dass sie von zwei Dutzend Menschen begafft wird.

Er schiebt sich näher heran. Sieht den Sarg.

Mayrhofer hat sich ihm entzogen! Er ist einfach abgehauen. Vor ihm, seinem Schatten.

Er weiß selbst, dass dieser Gedanke lächerlich ist. Mayrhofer ist sicherlich nicht freiwillig gestorben. Dennoch empfindet er es als Ungerechtigkeit, dass er diesen Menschen nicht mehr mit seiner Gegenwart behelligen kann.

»Ein Unfall«, erzählt ihm einer der Gaffer ungefragt. »Er ist beim Schwimmen ertrunken.«

»Das kann nicht sein«, entfährt es Puck.

»Der Polizist da hat es gesagt«, erwidert der Gaffer, als wäre es damit eine unumstößliche Tatsache.

»Aber Mayrhofer ging nie ins Wasser, er war Nichtschwimmer.«

Er merkt nicht, wie laut er ist. Laut genug, dass die Witwe ihn hören kann. Auch der Polizist, der gerade mit ihr spricht. Puck ist aufgebracht, weil es seinen Feind nicht mehr gibt. Und weil er spürt, dass hier etwas nicht stimmt. Soll wieder das Unrecht die Oberhand behalten? Auf keinen Fall.

»Er ging nie auch nur in die Nähe des Swimmingpools!«, bekräftigt Puck noch einmal, da wendet sich die

Frau ihm zu, sieht ihn direkt an, deutet mit dem Finger auf ihn.

»Dieser Mann verfolgt uns seit Wochen! Wenn es kein Unfall war, dann hat er Werner umgebracht.«

Wie gelähmt steht er da. Folgt dem Polizisten, der ihn bittet mitzukommen. Fassungslos sitzt er im Wagen und sieht Menschen, die ihn durch das Fenster angaffen, als sei er ein Tier im Zoo. Er ist ein zweites Mal hereingelegt worden. Von dieser Frau. Er, der Geprellte, der sich Gerechtigkeit verschaffen wollte, ist offenbar der Hauptverdächtige bei den Ermittlungen zum Tod des Mannes, den er wie ein schlechtes Gewissen verfolgen wollte.

Der Kommissar sieht sich seinen Ausweis an, dann wieder ihn.

»Sie heißen Puck.«

Er nickt nur.

»Wie beim Eishockey«, schmunzelt der Kommissar.

Puck kennt das. Die Bildungsbürger verweisen auf Puck, eine Figur von Shakespeare. Die Sportbegeisterten denken sofort an eine kleine schwarze Scheibe, die hin- und hergeschoben, auf die mit Schlägern eingedroschen wird. Im Moment fühlt er sich eher so.

»Was machen Sie in Regensburg, Herr Puck?«

Er zuckt zusammen. Derselbe gemütliche Tonfall, den auch Mayrhofer so gut beherrschte. Der ihn eingelullt hat, damals in Spanien. Ein Gschäftl würden sie machen, hatte der Bayer, selbst im heißen Süden immer im Lodenjanker, zu ihm gesagt. Er hätte da ein schönes Häuserl. Eigentlich eher eine Wohnung. Kosten würde es fast nix. »Ham Sie was davon und ich auch.« Dann dieses dröhnende Lachen. Dieser Mayrhofer ist so ganz anders gewesen, als er sich einen Immobilienmakler vorgestellt hat. Nicht so windschnittig, nicht angepasst, nicht aalglatt. Doch die Gemütlichkeit war Fassade. Dahinter verbarg sich eine beeindruckende, rücksichtslose Kaltschnäuzigkeit. Letztlich ging es nur darum, dass er, Puck, seine Unterschrift unter ein Papier setzte und dann sein Geld überwies. Ein kleines Vermögen. Sein Vermögen. Für einen Haufen Steine, in dem er nie würde leben können.

»Herr Puck, ich rede mit Ihnen.«

Er ist mit seinen Gedanken abgeschweift. Er kehrt zurück in dieses Zimmer, zu diesem Mann, der ihn verhört.

»Also: Was machen Sie in Regensburg?«

»Ich habe Werner Mayrhofer und seine Frau beschattet.«

Der Kommissar sieht ihn ungläubig an, dann grinst er. Vermutlich ist selten jemand so dumm, dies auch noch offen zuzugeben, denkt Puck, aber er kann nicht anders, er will, dass die Sache auf den Tisch kommt.

»Gehören Sie vielleicht auch zu den Kunden vom Mayrhofer?«, fragt der Kommissar.

»Sie kennen die Hintergründe?«

»Steht doch immer wieder groß in der Zeitung, wenn jemand einen Prozess verliert, den der Mayrhofer mit seinen komischen Immobiliengeschäften ausgeschmiert hat.«

»Und das finden Sie als Kripo-Beamter in Ordnung? Dass dieser Mann unbehelligt geblieben ist, obwohl jeder weiß, wie er zu seinem Geld gekommen ist?«

Der Kommissar zuckt gelassen die Schultern.

»Dafür sind die Kollegen vom Wirtschaftsdezernat zuständig. Und anscheinend haben sie ihm bisher nicht genug nachweisen können.«

»Aber mir wollen Sie einen Mord nachweisen.«

Der Kommissar zieht die Augenbrauen hoch, sieht ihn überrascht an.

»Ich hab noch gar nichts von Mord gesagt.«

Es ist still im Zimmer. Puck überlegt, und dann wird ihm schlagartig klar: Es stimmt. Die Frau hat ihn angeklagt.

Sie hat ihm eine Falle gestellt. Alles war perfekt vorbereitet. Sie hat ihren Mann umgebracht. Ist alleine in das Lokal gekommen. Hat so getan, als wäre sie mit ihrem Mann verabredet wie immer. Hat auf den Anruf gewartet, der sie vom Tod ihres Mannes in Kenntnis setzen würde. Hat mit aller gebührenden Theatralik das Lokal verlassen. War sich sicher, dass er ihr folgen würde. Und konnte, falls der Tod Mayrhofers nicht als Unfall durchging, auf ihn zeigen und ihn als Mörder bezichtigen.

Er hat gedacht, er habe Macht über Mayrhofer und seine Frau. Aber er war nur Teil eines Spiels. Ihres Spiels. Die Frau ist ihren Mann losgeworden – und mit etwas Glück wird sie ihren Verfolger gleich mit los.

»Ist er denn ertrunken?«

Der Kommissar zögert. Überlegt offenbar, wie viel er Puck gegenüber sagen soll.

»Beantworten Sie bitte erst meine Fragen. Wenn Sie ihn beobachtet haben, dann wissen Sie doch sehr viel über Mayrhofer.«

Vielleicht will ihm der Kommissar eine Falle stellen. Aber es ist ihm egal. Denn Puck hat eine ziemlich genaue

Vorstellung davon, was Mayrhofer an diesem Nachmittag gemacht hat.

»Er ist vom Frühschoppen nach Hause gekommen«, überlegt Puck laut. »Um zwei Uhr habe ich ihn aus dem Spitalgarten kommen sehen. Er hatte mindestens schon drei Weißbier.«

»Sie sind ihm dann nach Hause gefolgt.«

Puck schüttelt den Kopf.

»Ich habe mich in meinem Zimmer hingelegt. Migräne.«

Der Kommissar lächelt spöttisch.

»Sie verfolgen diesen Mann – und wenn endlich etwas passiert, dann sind Sie nicht dabei?«

Puck nickt. Ironie des Schicksals.

»Gibt es Zeugen für Ihr Alibi?«

Puck schüttelt den Kopf. Niemand hat ihn gesehen. Niemand sieht ihn, er wird so oft übersehen.

»Aber ich kann mir gut vorstellen, wie der Nachmittag abgelaufen ist«, erzählt Puck. »Mayrhofer lag gerne im Liegestuhl. Badehose, Sonnenbrille, Weißbier, Zeitung. Mindestens zwei Meter weg vom Pool.«

»Woher wissen Sie denn, dass er nicht schwimmen konnte?«

»Ich habe selbst gehört, wie sich seine Frau darüber lustig gemacht hat. Und in all der Zeit hat er nicht einmal auch nur die Hand oder einen Fuß ins Wasser gehalten.«

Der Kommissar schweigt einen Moment, sieht Puck nachdenklich an, macht sich dann Notizen.

»Was können Sie mir noch über den Toten erzählen?«

»Er hat seit Kurzem eine Geliebte.«

»Das ist nicht verboten.«

»Aber vielleicht ein Mordmotiv für seine Frau. Sie könnte ihn mit K.-o.-Tropfen im Weißbier betäubt haben ...«

Der Kommissar mustert ihn überrascht.

»Entweder haben Sie eine ausgeprägte kriminelle Fantasie, oder Sie haben selbst ...«

»Nein, ich war's nicht!«

Der Kommissar schreibt, dann sieht er kurz hoch.

»Sie dürfen gehen. Aber bleiben Sie bitte in Regensburg.«

Er grinst und fährt fort: »Obwohl ich nicht weiß, was Sie jetzt noch hier machen sollen.«

Das weiß Puck auch nicht auf Anhieb. Es ist dunkel geworden, er möchte nicht in sein Zimmer, er streift durch die Stadt ohne Sinn und Ziel. Regensburg bei Nacht. Bisher hat er noch nicht viel von der Stadt gesehen, ist immer Mayrhofer gefolgt. Jetzt hat er Zeit. Geht zur Steinernen Brücke, überquert sie, sieht von Stadtamhof aus auf die Silhouette dieser Stadt. Regensburg gab es schon zur Römerzeit, hat er gelesen. Überall in der Innenstadt finden sich Zeugnisse dafür, die Römer haben für die Ewigkeit gebaut. Seine Immobilie in Spanien sollte nur etwa zwanzig Jahre halten, für die Zeit von seiner Pensionierung bis zu seinem Tod. Aber sie ist nie fertig geworden. Selbst die groben Steine der Brücke wirken wohnlicher als die Bauruine, die er gesehen hat, als er zum ersten Mal seinen Alterssitz ansehen wollte. Der Blick auf den Dom, nach oben zur Spitze der Türme. Wer eine Kirche betrachtet, muss nach oben blicken, gen Himmel, wo manche Menschen eine lenkende Hand, eine Gerechtigkeit vermuteten. Nicht Puck.

Stundenlang geht er durch diese Stadt, genießt die Ruhe der Nacht, betrachtet die Gebäude und die Auslagen der Geschäfte. Er fühlt sich nicht müde, er kann jetzt nicht schlafen.

Als die Sonne aufgeht, steuert er den Dom an, betrachtet ihn genauer, sieht die steinernen Fratzen an der Fassade. Teufel sollen dies sein? Es sind doch Menschen. Genau so erlebt er sie. Am Kohlenmarkt setzt er sich an einen Café-Tisch und bestellt Kaffee und Frühstück. Schön, dass man hier draußen sitzen kann. Der Blick über den Rathausplatz, doch inzwischen sind mehr Menschen unterwegs. Sie stören ihn. Sie vermitteln ihm den Eindruck, dass sie ihr Leben im Griff haben. Sein Leben aber ist aus den Fugen. Nichts ist mehr, wie es war. Er hat seinen Glauben an die Gerechtigkeit verloren und auch daran, dass er selbst diese im Nachhinein wiederherstellen kann. Wenigstens für sich. So wie er an seinem Schreibtisch in Bielefeld eine Steuererklärung prüfen, Lücken und Schummeleien erkennen und die betreffenden Leute zur Rechenschaft ziehen kann. Ziehen konnte. Denn im Moment weiß er nicht, ob er noch einmal im Vertrauen auf eine staatliche Gerechtigkeit Geld einfordern kann.

Allmählich kehren seine Gedanken zurück zu dem Mann, dessen Existenz er mit Interesse verfolgt hat bis zum heutigen Tag. Mayrhofer ist tot. Nie mehr wird er ihm in den Biergarten folgen, wo der betrügerische Immobilienmakler den jovialen Bayern gab und zusammen mit seinen Spezln Schafkopf spielte. Nie wieder wird für ihn in der Engelburgergasse Endstation sein, weil Mayrhofer in der Wohnung seiner Geliebten verschwand. Nie wieder wird er ihn insgeheim dafür bewundern, dass er stundenlang im Café sitzen, Weißbier trinken und die Passanten beobachten konnte. Was für eine Auffassung vom Leben! Mit Mayrhofer hat Puck die Kunst des Müßiggangs erlernt.

Im Laufe des Vormittags wechselt er vom Kaffee zum Weißbier. Das hätte Mayrhofer auch so gemacht. Er kommt ins Grübeln.

Vielleicht ist ihm bei seiner Beschattungsaktion doch etwas entgangen. Weil er sich zu sehr auf Mayrhofer konzentriert, die Frau manchmal aus den Augen verloren hat. Vielleicht hatte sie Angst, dass er sie verlassen würde. Dass sie mit diesem Mann auch ihren Wohlstand verlieren würde, zumindest einen Teil davon.

Ein zweites Weißbier geht noch. Er ist sogar versucht, sich Weißwürste zu bestellen. So wie Mayrhofer das im Biergarten gerne tat. Morgens Weißwürste, nachmittags Leberkäs. Abends dann was »Gscheits«, wie er ihn öfter sagen hörte. Ein Rätsel, wie dieser Mann so vital daherkommen konnte. Er tat alles, um seine Gesundheit zu ruinieren. Und strahlte doch mehr Lebensfreude aus als alle anderen. Auch darum hat er ihn immer beneidet.

Puck wird etwas müde und blinzelt. Sein Kopf arbeitet nicht mehr so scharf und analytisch. Aber er vertraut mehr seiner Intuition. Und die sagt ihm: Sie war es. Er war angetrunken, oder sie hat ihm etwas ins Bier gemischt. Geruchlos, geschmacklos, stark wirkend. Es sieht aus, als wäre er beim Schwimmen ertrunken. Ein Unfall, ein Unglück. Nein, ein Mord. Und er sitzt in der Falle. Der Schatten ist angeblich zum Mörder geworden.

Er zahlt und steht auf. Schwankt leicht. Das Gehirn etwas trüber als zuvor, aber die Sinne geschärft. Und der Mut groß. Er wird nach Lappersdorf fahren. Er will zurück an den Tatort. Irgendetwas muss es geben, was auf die Frau als Mörderin hinweist. Und er wird es finden. Er hätte nicht gedacht, dass Bier so mutig macht.

Das Haus in Lappersdorf liegt ruhig. Die Polizeiabsperrung ist noch da, rund um den Pool. Ansonsten ist alles still an diesem späten Vormittag. Er steht da und wartet. Wie er es so oft gemacht hat in den letzten Wochen. Er sieht sie aus dem Haus kommen und weggehen. Nun will er die letzten Geheimnisse seines Feindes kennenlernen. Denn im Haus war er noch nicht. Er möchte sich umsehen, den Beweis dafür finden, dass die Frau ihren Mann ermordet hat. Er möchte Gerechtigkeit für sich – und sogar für seinen Feind.

Puck weiß, wo der Ersatzschlüssel für die Kellertür versteckt ist. Er zieht ihn aus der Erde des Rhododendronbusches, sperrt auf und geht hinein. Es riecht muffig, nach alten Sachen, nach Vergangenheit, nach vergessenen Dingen. Puck tastet sich die Kellertreppe hoch.

Oben im Flur überlegt er. Wenn er ein Beruhigungsmittel sucht, wenn sie wirklich eines verwendet hat, dann sollte er im Bad anfangen. Doch auf dem Weg dorthin kommt er an der Wohnzimmertür vorbei. Wieder ergreift ihn die Faszination, die er spürt, seit er Mayrhofer beobachtet. Das Gefühl, in ein fremdes Leben einzutauchen, es mitzuleben, in diesem Fall über Mayrhofers Tod hinaus.

Ja, das Wohnzimmer atmet ganz Mayrhofer. Schwere Möbel, ein verschnörkelter Schrank, ein großer Ohrensessel, wenige Bücher, ein paar Bierkrüge, an der Wand ein Gemälde. Berge. Was sonst.

Puck ist warm. Er zieht seine Jacke aus und setzt sich in den Ohrensessel. Fast hat er den Eindruck, dass dieser auch nach Mayrhofer riecht. Nach Bier, nach Zigarren, nach Gemütlichkeit. Puck hat nicht geschlafen in der letzten Nacht. Und er hat Bier getrunken. Kein Wunder, dass ihn jetzt die Müdigkeit einholt. Nur einen Moment die Augen schließen ...

»Was machen Sie hier?«

Er öffnet die Augen. Die Frau steht in der Tür vom Flur zum Wohnzimmer. Sie starrt ihn wütend an.

Er spürt ihre Angst, ihre Unsicherheit. Das holt ihn ins Leben zurück. Sie kann ihn nicht mehr ignorieren. In diesem Moment ist er ein ernst zu nehmender Gegenspieler geworden.

»Ich habe geschlafen – und Sie haben mich geweckt.«

»Sie wollen uns bestehlen!«

»Nein, ich suche lediglich den Beweis, dass Sie Ihren Mann umgebracht haben.«

Ihr stockt der Atem, dann lacht sie. Schüttelt den Kopf.

»Sie sind verrückt.«

Sie betritt das Wohnzimmer nicht. Vielleicht hat sie Angst, sich damit in seine Gewalt zu begeben. Sie bleibt in der Tür stehen. Behält ihn im Auge. Der erste Schrecken weicht aus ihrem Gesicht, sie mustert ihn verächtlich.

Er spürt, wie er wieder klein und machtlos wird unter diesem Blick. Er will sich das ersparen. Deshalb steht er auf und möchte an ihr vorbei in den Flur. Zur Haustüre hinaus. Seine Hoffnung, ihr einen Mord nachzuweisen, geboren aus dem Mut des Weißbiers, ist in sich zusammengefallen wie der Schaum auf dem Bierglas.

Er hat schon die Haustür geöffnet, will hinausschlüpfen ...

»Halt.« Kalt und schneidend sagt sie das. Er kann sich gar nicht vorstellen, diesem Befehl nicht zu gehorchen. Dreht sich um, sieht sie an.

»Sie wollen mir einen Mord nachweisen? Das können Sie nicht. Denn Sie sind ein Nichts, und Sie bleiben es auch.«

Er schluckt, eine Antwort fällt ihm nicht ein.

»Sie sind so unauffällig, dass wir lange Zeit gar nicht gemerkt haben, dass Sie uns folgen! Als Sie meinen Mann zur Rede gestellt haben ...«

Sie lacht böse auf.

»... er konnte sich gar nicht erinnern, dass Sie zu den Opfern seiner Immobiliengeschäfte gehören. ›So ein Nullachtfuffzehn-Gesicht‹ – das hat er gesagt. Und dann haben wir Sie gleich wieder vergessen.«

»Ich war aber immer da.« Er hört selbst, dass er fast beleidigt klingt.

Sie mustert ihn amüsiert. »Haben Sie wirklich gedacht, das stört uns? Wenn ein Hund hinter uns herläuft?«

Er will sich wehren, will um seine Würde kämpfen, jetzt, in diesem Moment. »Ihr Mann hatte eine Geliebte ...«

Sie zuckt nicht mit der Wimper.

»Das sind Sie: ein kleiner Schnüffler, der sich am Leben anderer Menschen aufgeilt. Weil er selbst keines hat.«

Wie ihn das trifft. Eben weil es so wahr ist. Er würde gerne zum Mörder werden, jetzt in diesem Moment. Ihr die Kehle zudrücken, nur damit sie nicht weitersprechen kann. Aber selbst das schafft er nicht.

»Manche Menschen wollen betrogen werden, hat mein Mann gesagt. Und Sie sind einer davon. Sie haben das Glück nicht verdient, denn Sie sind armselig und denken kleinkariert. Sie würden das Glück doch nicht einmal dann erkennen, wenn Sie es direkt vor Augen hätten.«

Die Wohnungstür steht noch offen, den ersten Schritt rückwärts in Richtung Ausgang hat er schon gemacht. Da sieht er den Kommissar, der mit zwei Polizeibeamten den Weg zum Haus hochkommt.

Jetzt muss er funktionieren. Ihr eine Falle stellen. Sie provozieren. Damit sie sich verrät. Das ist seine Chance.

»Sie haben ihn umgebracht.«

Sie lacht nur: »Ich war shoppen und habe ein Alibi. Haben Sie auch eines?«

Er schweigt. Hört den Hohn in ihrer Stimme. Wartet, dass der Kommissar näher kommt. Jetzt kann er mithören.

»Sie können doch nicht zulassen, dass ich unschuldig verurteilt werde.«

Der Kommissar geht langsamer, sieht fragend zu Puck in der Tür, hört die Stimme der Frau.

»Sie sind doch selbst schuld, Sie Idiot! Es sah alles wie ein Unfall aus. Bis Sie Ihren Mund aufgemacht haben ...«

»Also haben Sie ihn doch ermordet!«

»Niemand kann mir etwas nachweisen. Ich lebe mit Ihrem Geld, und Sie gehen für mich ins Gefängnis.«

»Oder auch nicht.«

Der Kommissar meldet sich zu Wort. Er fixiert die Frau, die noch versucht zu retten, was zu retten ist.

»Gut, dass Sie kommen. Dieser Mann ist eingebrochen und wollte mir Beweismittel unterschieben ...«

Der Kommissar lächelt höhnisch, und sie merkt, dass jedes weitere Wort sinnlos ist.

Die Polizisten sind mit Frau Mayrhofer beschäftigt. Puck hat seine Aussage bereits gemacht und möchte gehen, doch da fällt sein Blick durch die offene Wohnzimmertür noch einmal auf den Sessel. Mayrhofers Sessel. In dem er eingeschlafen ist. Er erinnert sich, dass er irgendwie schief gesessen war, zu einer Seite geneigt. Warum? War der Sessel schief?

Puck betritt noch einmal das Wohnzimmer. Hebt das Polster des Sessels, den Blick auf die Tür zum Flur gerichtet. Aber der Kommissar sieht nicht herein.

Unter dem Polster bauchige Briefumschläge, zwei, drei, vier ...

Puck nimmt einen davon, sieht hinein. Geldbündel.

Schwarzgeld, vermutet er. Er kennt die Leute, die das Geld an der Steuer vorbeischleusen. Es dann irgendwo deponieren müssen, bis sie es waschen können.

Mayrhofer hat das Geld vermutlich nicht nur am Finanzamt, sondern auch an seiner Frau vorbeigeschleust. Der Sessel war sein Reich. Sie hat ihn offenbar nicht angerührt, wäre in diesem Polster versunken.

»Kommen Sie? Wir sind hier fertig.«

Regensburg bei Tag. Nachdem er seine Aussage gemacht hat, streift Puck durch die Stadt. Kauft sich einen Reiseführer, genießt die Sommersonne, die Sehenswürdigkeiten, die Cafés, die Biergärten. Er ist aus dem Schatten seines Feindes herausgetreten und sieht nun diese Stadt mit anderen Augen. Er ist nicht mehr auf einen Menschen und sein Leben fixiert, sondern wieder bei sich, wenn auch anders als früher.

Eine Strudelfahrt auf der Donau, ein Besuch der Folterkammer im Alten Rathaus, ein Eis in der Fußgängerzone, ein Blick in die Auslagen eines Hutmachers. Ob ihm ein Hut stehen würde? Oder eine Baskenmütze? Er probiert es aus. Denn er hat ja Zeit. Und Geld. Ein neuer Anzug wäre gut. Eine neue Brille ... Aber nicht zu viel Geld auf einmal ausgeben. Es könnte auffallen, dass er nicht mehr so bescheiden ist wie noch vor wenigen Tagen. Wie einfach es gewesen war, Mayrhofers Umschläge mitzunehmen. Und es fühlte sich gut an.

Was zieht ihn zurück nach Bielefeld? Die Arbeit? Nicht mehr, nachdem er gesehen hat, wie viel Geld in den Umschlägen steckt.

Die Korrektheit von früher? Die Genauigkeit des Finanzbeamten? Was hat ihm das gebracht? Puck hat etwas über die Spielregeln des Lebens gelernt. Jetzt möchte er ausprobieren, wie sich das anfühlt.

Abends geht er noch einmal in das Lokal am Fischmarkt. Punkt 18 Uhr. Er hat eine Verabredung.

Der Kommissar verspätet sich. Puck ist bereits am Essen. Semmelknödel mit Rahmschwammerl. Dazu ein Weißbier. Noch einmal leben wie Mayrhofer.

»Schaut gut aus«, sagt der Kommissar mit Blick auf Pucks Teller. »Mahlzeit.«

Dann setzt er sich und betrachtet sein Gegenüber nachdenklich.

Früher hätte es ihn verunsichert, aber jetzt genießt Puck den Blick. Wochenlang wurde er ignoriert und übersehen, das ist vorbei.

»Sind Sie jetzt zufrieden?«, fragt der Kommissar.

Puck überlegt, dann zuckt er die Schultern.

»Ich dachte, es würde sich besser anfühlen, wenn die beiden ihre Strafe bekommen. Wie auch immer und von wem auch immer.«

Die Bedienung kommt an den Tisch. Der Kommissar zeigt auf Pucks Essen und das Weißbierglas.

»Das Gleiche«, sagt er nur.

»Suchen Sie sich eine neue Aufgabe«, rät der Kommissar. »Aber vielleicht was anderes als Leute beschatten. Das ist eigentlich strafbar, wissen Sie.«

Puck nickt. Aber es beeindruckt ihn nicht mehr, dass manche Dinge strafbar sind, denn er weiß ja nun, dass sie deshalb noch lange nicht bestraft werden müssen.

»Schönes Haus, da draußen in Lappersdorf«, meint der Kommissar.

Puck nickt nur.

»Die Einrichtung war ja nicht so meins«, ergänzt der Kripobeamte. »Aber die Lage, der Pool, der Garten ...«

»Und keiner wohnt mehr drin.«

Der Kommissar nickt.

»Es gibt eine Tochter. Die will's verkaufen, hat sie gesagt.«

Puck horcht auf.

»Viel wird sie nicht kriegen, nachdem ihr Vater dort tot aus dem Pool gefischt wurde. Das drückt den Preis.«

Puck fasst sich instinktiv an die Brusttasche seiner Jacke. Es wird nicht ganz reichen. Aber es ist ein Anfang. Leben wie Mayrhofer. Allerdings kann er seit seiner Kindheit schwimmen.

Schwammerlsoß

Zubereitung

Die Stielenden der Pilze und alle wurmigen Teile abschneiden. Je nach Größe zerteilen. Butter in einer Pfanne erhitzen, gewürfelte Zwiebel und zerdrückten Knoblauch darin glasig dünsten. Pilze dazugeben, salzen und 2 Minuten braten. Brühe, Wein und flüssige Sahne zufügen. Alles zusammen einmal aufkochen. Wem die Soße zu dünnflüssig ist, der sollte sie einfach mit etwas Mehl oder Kartoffelstärke andicken. Einen kleinen Teelöffel Mehl oder Kartoffelstärke mit 1/2 Tasse kaltem Wasser glatt rühren, nach und nach in die kochende Soße geben, bis sie die gewünschte Konsistenz hat. Achtung: nur leicht andicken! Mit Salz, Muskat und Pfeffer abschmecken. Geschlagene Sahne und gehackte Petersilie unterheben. Pilze mit der Soße auf vorgewärmte tiefe Teller verteilen. Mit Semmelknödln, Bandnudeln oder Spätzle

Zutaten

(für 4 Personen)
350 g gemischte Waldpilze (wie Pfifferlinge, Steinpilze etc. – nur Champignons geht auch)
80 g Butter
1 kleine Zwiebel
1 Knoblauchzehe
1/2 l Gemüsebrühe oder Kalbsfond
100 ml Weißwein (nach Geschmack)
100 ml Schlagsahne
Salz, Muskat, Pfeffer aus der Mühle
1 EL geschlagene Sahne
1 EL frisch gehackte Petersilie
eventuell Mehl oder Kartoffelstärke

anrichten. Ganz hervorragend zu
der Schwammerlsoß schmeckt
der Brezenguglhupf (S. 72).

Thomas Kastura
Das Schäuferla des Grauens

»Der ist hinüber.« Kommissar Küps betrachtete den reglosen Körper. »Wehe, einer sagt jetzt: Niemand verlässt den Raum!«

»So lauten aber die Vorschriften«, wandte Kommissar Riedl ein.

»Und keiner fasst irgendwas an!«, fügte Kommissar Wachholz übereifrig hinzu.

»Danke, hätt ich fast vergessen.« Neusig, eine Würzburger Kommissarin, schüttelte genervt den Kopf. »Küps hat doch nur einen Witz gemacht.«

»Einen geschmacklosen.« Riedl war in Passau für seine Pingeligkeit bekannt.

»Beim fränkischen Humor kommt ein Bayer halt nicht mit.« Kommissar Spänfleck aus Fürth witterte wieder mal Hegemonialbestrebungen der südlichen Besatzungsmacht.

»Und was machet mer jetzt?«, schwäbelte Kommissarin Glöckle, die ihre Augsburger Herkunft nicht verleugnen konnte. »Ruft einer den Amtsarzt?«

»So einfach liegt die Sache nicht.« Wachholz senkte die Stimme. In Weiden fiel man auf diesen billigen Theatertrick noch herein. »Das war kein Unfall, sondern Mord.«

Wenn Kommissar Hinterhuber gekonnt hätte, wäre er Wachholz mit einem »Moosbüffel, damischer!« über den Mund gefahren. Doch sein bedauernswerter Zustand ließ das nicht zu. Offenbar trat Hinterhuber gerade vor seinen Schöpfer und schickte sich an, ein Münchner im Himmel zu werden.

Die sechs übrigen Kommissare musterten sich gegenseitig. Einer der Anwesenden musste der Täter sein. Wer wagte einen Anfangsverdacht?

Sie befanden sich in Küps' Wohnzimmer. Reste eines üppigen Abendmahls standen auf dem Tisch, Bratengeruch hing in der Luft. Ein Kasten Rauchbier war bereits geleert. Obstbrand und Magenbitter warteten noch auf ihren verdauungsfördernden Einsatz. Das Unglück hatte sich zu einem ungünstigen Zeitpunkt ereignet.

Jeder Kommissar stammte aus einem anderen Regierungsbezirk: Ober-, Mittel- und Unterfranken, Oberpfalz, Ober- und Niederbayern, Schwaben. Einige kannten sich noch von der Fachhochschule, andere von gemeinsamen Ermittlungen oder Fortbildungsmaßnahmen. Sie waren Freunde, Kollegen und gelegentlich auch Rivalen. Im Millenniumsjahr hatten sie ihren exklusiven Club gegründet. Seither kam die Crème de la Crème der bayerischen Verbrechensbekämpfung immer am Dreikönigstag zusammen, um über ihre kniffligsten, gefährlichsten und hirnverbranntesten Fälle zu reden.

Heuer hatte Küps ins schöne Bamberg eingeladen, zu sich nach Hause in die Concordiastraße unten an der Regnitz. Seine Frau weilte bei ihrer Schwester in Strullendorf. Ihr Gatte durfte sich mit seinen Spezis ungehemmt vergnügen. Sieben Bullen auf einmal hielt eh kein Schwein aus – und keine Schweineschulter widerstand ihnen, auf Fränkisch »Schäuferla« genannt wegen des schaufelförmigen Knochens an der Unterseite. Küps hatte sich als Koch betätigt, sieben Portionen der deftigen Spezialität einzeln angebraten und danach für zwei Stunden in die Röhre geschoben. Bei ihm sollte niemand verhungern.

Die Kriminaler hatten geschmaust wie die Raubritter und sich Klöße im Akkord reingedreht, dazu Wirsinggemüse und eine gehaltvolle Soße. Die Knusperkruste auf dem butterweichen Fleisch war die Krönung gewesen.

Was tun nach solch einer Völlerei? Kommissar Hinterhuber hatte schweren Schrittes den Raum durchquert. Seufzend war er auf Küpsens Fernsehsessel geplumpst. Sogleich hatte die Mechanik kapituliert und war in Liegeposition gekippt. Ein lautstarkes »Zäfix!«, ein Schnaufer wie eine Dampflok. Dann hatte Hinterhuber die Augen geschlossen und kein Lebenszeichen mehr von sich gegeben.

Erschlaffte Glieder, erstarrte Gesichtszüge. Riedl war hinzugeeilt: weder Puls noch Herztöne. Ein Tod, so schmerz- und reibungslos, wie mancher ihn sich wünschte.

Nach dem ersten Schock war die Aufregung groß.

»Ich tippe auf Gift!«, preschte Wachholz vor.

»Wie? Gift?« Spänfleck schenkte sich ein frisches Seidla ein.

»Das Essen. Irgendwas war da drin.«

»Dann hätte es uns alle erwischt.« Die durchtrainierte Neusig achtete auf ihre Linie und hatte nur ein 350-Gramm-Schäuferla vertilgt – dies aber mit kaum verhohlener Wollust.

»Hinterhuber schnappt sich immer das größte Trumm, das ist bekannt. Wenn ich mich richtig entsinne, hat er es auch heute Abend so gemacht.« Wachholz kam in Fahrt. Sonst maulfaul, führte er nun die Früchte einer Rhetorikschulung vor. Er ging zum Tisch und wies auf den monströsen Knochen, der auf dem Teller des niedergestreckten Oberbayern lag. »Der Täter musste kurz vor dem Servieren nur das entsprechende Fleischstück präparieren, zum Beispiel mit einer Spritze.«

»Und wer soll das getan haben?«, fragte Spänfleck unwirsch, wie es seine Art war.

»Natürlich der Koch.«

Betretenes Schweigen. Alle Augen richteten sich auf Küps.

Der lief rot an, er hatte ohnehin hohen Blutdruck. »Willst du damit sagen, ich hätte den Hinterhuber ermordet?«

»Du hast uns das Zeug vorgesetzt«, sagte Riedl. »Das kannst du nicht leugnen, Küps.« Die Kommissare duzten sich zwar, sprachen sich aber mit Nachnamen an. Für plumpe Vertraulichkeiten war zu späterer Stunde immer noch Zeit.

»Zeuch?« Spänfleck fühlte sich in seiner fränkischen Ehre gekränkt. »Ein Schäuferla ist kein Zeuch. Das ist ein Hochgenuss, dagegen kann eure Haxn gar net anstinken.«

»Und das Motiv?«, fragte Küps. »Jetzt erzählt mir mal, warum ich den Hinterhuber umgebracht haben soll!«

»Der spottet immer darüber, dass Bamberg tiefste Provinz ist, Zonenrandgebiet.« Riedl nickte Wachholz komplizenhaft zu. »Da kocht die Volksseele schon mal über.«

Küps und Spänfleck machten Anstalten, auf die Fremdstämmigen loszugehen. Doch Glöckle warf sich dazwischen. »War nicht jeder mal allein in der Küche, um einen Blick in die Röhre zu werfen? Hat doch Stunden gedauert, bis das Schäufele fertig war.«

»Stimmt«, räumte Riedl ein.

»Also ist jeder verdächtig. Sogar Wachholz. Der hat sich vorhin für die Abzugshaube interessiert.« Glöckle galt als wandelnder Camcorder. Das visuelle Gedächtnis der attraktiven Blondine war phänomenal.

»Weil ich mir eine neue Küche kaufen will. Aber den Ofen hab ich nicht angerührt!«, verteidigte sich Wachholz.

»Das war vom Wohnzimmer aus nicht zu sehen.«

So ging es noch eine Zeit lang weiter. Beobachtungen und Indizien wurden ausgetauscht, mal mehr, mal weniger stichhaltig, garniert mit Beschimpfungen und Sticheleien. Zwischen Franken und Altbayern brachen Aversionen hervor, die unterschwellig schon immer bestanden hatten. Angesichts des toten Hinterhuber traten sie nun offen zutage. Sie gipfelten in der Aufforderung »Geht doch nüber!«. Am Ende wusste keiner mehr, wer es gesagt hatte und was damit genau gemeint gewesen war.

Neusig hob abwehrend die Arme. »Diese Selbstzerfleischung führt zu nichts. Wir brauchen einen Unparteiischen.«

»Und wer soll das sein?«, fragte Riedl. »Die Bamberger Kollegen sind alle mit Küps bekannt, die sind befangen.«

»Wärt ihr mit einem Oberstaatsanwalt einverstanden?«, schlug Küps vor. »Sein Name ist Brandeisen. Er schaltet sich bei uns öfters in die Ermittlungen ein.«

»Ein Freund von dir?« Wachholz wurde misstrauisch.

»Der Mann ist die Korrektheit in Person, absolut integer! Willst du auch noch behaupten, ich stecke mit der Justiz unter einer Decke?«

»Sollten wir nicht auch den Rechtsmediziner und die Spurensicherung verständigen?«, meinte Riedl.

»Dann trampeln wir uns hier tot«, erwiderte Spänfleck. »Nein, das regeln wir im kleinen Kreis, wär doch gelacht! Wenn wirklich Gift im Spiel war, können das die Quacksalber später immer noch feststellen.«

Es gab keine weiteren Einwände, die Kommissare stimmten dem Vorschlag ihres Gastgebers zu. Küps nahm das Mobilteil von der Ladeschale. Die lieben Kollegen mussten ja nicht wissen, dass Brandeisen und er ein bewährtes Duo waren. Seit Jahren versetzten sie die Ganoven der Region – und nicht nur die – in Angst und Schrecken.

Nur eine Viertelstunde später betrat eine hochgewachsene Gestalt das Wohnzimmer, ganz in Weiß, doch ohne Blumenstrauß.

Brandeisen stellte sich den verdutzten Kommissaren vor. Er trug einen altmodischen Trainingsanzug sowie eine weiße Schiebermütze wie weiland René Lacoste, allerdings ohne das Krokodil. Er kam direkt vom alljährlichen Hallentennisturnier der Richter und Staatsanwälte im Hain. Küpsens Anruf war ihm wie ein Gottesgeschenk erschienen. Zum einen wegen des ungewöhnlichen Falls – sechs verdächtige Kommissare, damit ließ sich Rechtsgeschichte schreiben. Vor allem aber, weil er gegen die angeschnittenen Bälle von Richter Greiz keine Chance gehabt hatte. Eine demütigende 3:6-0:6-Niederlage war unausweichlich gewesen.

Doch just, als Greiz beim Stand von 0:5 zum Matchgewinn aufgeschlagen hatte, war Brandeisens Diensthandy angesprungen. »Vom Gong gerettet« hieß das bei den Boxern, die längst nicht so skrupellos waren wie Bamberger und Bayreuther Juristen.

Nach dieser Beinahe-Katastrophe – Brandeisen brach das Spiel mit der Bemerkung ab, dass er sich bestimmt noch herangekämpft hätte – kam ihm die Leiche gerade recht. Küps führte ihn zu einem Berg von Mann namens Hinterhuber, erklärte kurz die Situation und kehrte rasch zu seinen Kollegen zurück.

Der Staatsanwalt stutzte. Er hatte erwartet, dass die Kommissare mit Argusaugen verfolgen würden, wie er sich dieses Mysteriums annahm. Doch nichts dergleichen geschah. Stattdessen waren sie mit sich selbst beschäftigt. Sie stritten wie die Kesselflicker. Aber nicht über den Todesfall, sondern ... übers Rauchen!

Während er Hinterhuber untersuchte, bekam Brandeisen den Schlagabtausch unwillkürlich mit. Küps hatte sich nach dem Anruf eine Zigarette angezündet, um die Wartezeit zu überbrücken und seine Nerven zu beruhigen. Sofort hatte Wachholz aufs Schärfste protestiert und auf das Bayerische Gesundheitsschutzgesetz verwiesen. Er musste einen derart ungehobelten Ton angeschlagen haben, dass Spänfleck und Neusig ebenfalls zu rauchen begannen, demonstrativ, schließlich sei man hier in Privaträumen und nicht in einer Gaststätte. Im Übrigen solle sich Wachholz nicht so aufspielen. Mit der Liberalitas Bavariae sei es wohl nicht weit her, wohingegen das Toleranzgebot in Franken noch etwas gelte.

Die Ausdrucksweise war in natura freilich etwas

derber. Der Staatsanwalt hätte gleich mehrere Verfahren wegen Beamtenbeleidigung eröffnen können.

Doch der Disput schlug noch höhere Wellen. Die Gefahren des Passivrauchens kamen in aller Ausführlichkeit zur Sprache. Genüsslich beschrieb Wachholz die Symptome eines Raucherbeins, woraufhin Spänfleck den kleingewachsenen Oberpfälzer als »aufgstellten Mäusdreck« bezeichnete. Hin und wieder war das Ploppen eines Kronkorkens zu hören. Offenbar musste man die Kehlen ölen, um bei Stimme zu bleiben.

Brandeisen schloss die Beweisaufnahme im Wohnzimmer unauffällig und geräuscharm ab. Diskretion war unter den gegebenen Umständen eine gute Begleiterin.

Er warf einen Blick in die Küche: ein Schlachtfeld aus Töpfen und Pfannen, Küps musste für sein Diner mächtig gewirbelt haben. Spuren in Form von Fettspritzern und Wirsingflecken waren reichlich vorhanden. Brandeisen wurde ein wenig neidisch, zumal sich sein Magen nach dem Tennismatch zu Wort meldete.

Auf eine Leibesvisitation der Kommissare und eine Durchsuchung ihrer Jacken und Mäntel verzichtete er. Er wusste bereits mehr als genug.

Zurück im Wohnzimmer stellte er fest, dass sich in der Zwischenzeit niemand um ihn gekümmert hatte. Die Streithähne standen sich nach wie vor unversöhnlich gegenüber, Küps, Spänfleck und Neusig auf der einen Seite, Riedl und Wachholz auf der anderen. Glöckle hielt sich raus. Die Stimmung war geladen.

»Gut, dass Sie mich gerufen haben«, begann Brandeisen und breitete begütigend die Arme aus.

»Bamberg wird ja das Fränkische Rom genannt.«

Riedl betrachtete abschätzig den weißen Trainingsanzug. »Aber dass ihr auch einen Papst habt, wusst ich noch nicht. Fehlen nur noch die roten Schuhe.«

»Keine Spötteleien, bitte. Dafür ist die Angelegenheit zu ernst.« Der Staatsanwalt kippte ein Fenster zwecks Belüftung. Dann ließ er sich auf Hinterhubers Stuhl nieder und forderte die Kriminaler mit einer Geste dazu auf, Platz zu nehmen. Sie taten es widerstrebend und funkelten sich gegenseitig an.

»Für die Dauer der Ermittlung verhänge ich Rauchverbot«, fuhr Brandeisen fort und hob die Hand. »Keine Widerrede!«

Die Franken murrten, Küps steckte seine nächste HB zurück in die Packung. Ein höhnischer Kommentar von Wachholz, der glaubte, einen Achtungserfolg errungen zu haben.

»Zunächst möchte ich gern wissen, was es mit Ihrem Club auf sich hat.«

Es war, als habe er in ein Wespennest gestochen. Alle Clubmitglieder sprachen durcheinander, offenbar gab es Mitteilungsbedarf. Wie sich herausstellte, war die Zusammensetzung der merkwürdigen Vereinigung umstritten.

Brandeisen erfuhr, dass Küps und Hinterhuber den Club der Kommissare gegründet hatten, und zwar beim Ausklang einer Polizeitagung über Mittäterschaft. Aus Gründen der Völkerverständigung waren die beiden auf die Idee eines gesamtbayerischen Zirkels gekommen, der einmal im Jahr zusammentrat. Ziel: fachlicher Austausch unter Berufsgenossen, Solidarisierung, Networking. Der Schwerpunkt sollte allerdings auf leiblichem

Wohl und geselligem Miteinander liegen, einer »Mordsgaudi«, wie Hinterhuber es formulierte.

Jeder durfte zwei Kandidaten vorschlagen. Küps benannte Neusig und Spänfleck, Hinterhuber legte sich auf Riedl und Glöckle fest. Die Auserwählten wurden an den Tisch gebeten, um den Bund gleich vor Ort zu besiegeln. Nur bei dem Vertreter der Oberpfalz war man unschlüssig – bis Wachholz, der im Vorbeigehen Wind von der Sache bekommen hatte, den Kreis komplettierte und sich quasi selber einlud. Ob er in die Bresche gesprungen war oder sich aufgedrängt hatte, darüber gingen die Meinungen auseinander.

»So weit, so gut«, bilanzierte Brandeisen. Langsam wurde ihm klar, warum die Chemie zwischen den Kommissaren nicht stimmte. »Leider sagt mir das wenig über mögliche Mordmotive. Wie stand Hinterhuber denn zu Ihnen im Einzelnen?«

»Der hat jeden gleich behandelt«, meinte Glöckle. »Hart, aber herzlich.«

»Abgesehen von seiner Bayernarroganz. Das hat er jetzt davon!« Spänfleck konnte es nicht lassen. Er war ein glühender Anhänger der FFF, der Front Freier Franken, einer im Grunde harmlosen Separatistenbewegung, die vergeblich darauf hoffte, sich über V-Männer des Verfassungsschutzes zu finanzieren. Und er hatte bereits ein Bier zu viel intus.

»Geht das schon wieder los?« Riedl rollte mit den Augen. »Ihr habt doch einen Minderwertigkeitskomplex!«

»Ruhe!«, befahl Brandeisen. »Spänfleck hat sich soeben selbst als Tatverdächtigen ins Spiel gebracht.«

»Ich?«, wunderte sich der Angesprochene.

»Ja, du Leuchte!« Neusig, eine resolute Endvierzigerin, bekam die heimattümelnden Sprüche des Fürthers allmählich satt. »Aber soweit ich weiß, hat Hinterhuber unserem lieben Riedl vor einigen Jahren den Posten weggeschnappt.«

»Wirklich?«, fragte Küps.

Neusig wandte sich dem Kommissar aus Passau zu. »Du wärst doch gern Leiter der Zielfahndung geworden, oder? Stattdessen hat's geheißen: zurück nach Niederbayern.«

»Dann war der Vorschlag von Hinterhuber, Riedl in den Club aufzunehmen, eine Geste der Wiedergutmachung«, dämmerte es Küps.

»Ein Trostpflaster, das nicht lange hielt. Rache ist geduldig.«

»Schmarrn!«, wehrte sich Riedl. »Das ist längst vergeben und vergessen. Wir haben uns hervorragend verstanden.«

Der Staatsanwalt spitzte nachdenklich die Lippen. Irgendetwas zu vergeben oder gar zu vergessen, lag dieser Runde ferner als Timbuktu. Die Kommissare kannten sich in der Vergangenheit ihrer Kollegen bestens aus. Darüber vernachlässigten sie jedoch die Gegenwart ...

Noch war die Zeit für des Rätsels Lösung nicht gekommen. Mit der perfiden Lust eines Dompteurs setzte Brandeisen die Befragung fort. Er hatte selten Gelegenheit, die Büttel von der Exekutive durch den Reifen springen zu lassen. Wenn man die nicht hin und wieder in die Schranken wies, hielten sie sich noch für Oberinspektor Veigl oder Rosa Roth.

»Wie sieht es eigentlich mit Beziehungen aus, die über ein freundschaftliches Maß hinausgehen? Haben Sie mir darüber etwas zu sagen?«

Kurze Verblüffung. Dann schauten alle zu Neusig und Glöckle, die beide krampfhaft aufs Tischtuch starrten.

Neusig war die Ältere, hager, brünett, mit Raucherstimme und tiefen Furchen in den Wangen nach langen Jahren im Drogendezernat. Glöckle hatte sich besser gehalten. Gebräunt vom Skifahren im Allgäu trug sie ihr Haar offen. Sie schien sich eine gewisse Natürlichkeit bewahrt zu haben. Ein kobaltblauer Strickpulli mit großzügigem Ausschnitt brachte ihre Reize optimal zur Geltung.

»Ich glaube, da schießen Sie gewaltig übers Ziel hinaus.« Küps sprang den Kolleginnen bei. »Hinterhuber war ein ganz schöner Brocken. Als Don Juan kann ich ihn mir schwer vorstellen.«

Wachholz räusperte sich vernehmlich. Spänfleck kicherte in seinen Bierkrug.

»Wollen Sie wissen, ob ich mit ihm in der Kiste war?«, fragte Neusig plötzlich, als habe sie einen Entschluss gefasst.

In der Kiste. Eine 70er-Jahre-Umschreibung für Sex. Brandeisen seufzte, doch er sagte nichts. Wahrscheinlich kam gleich mehr.

»Ein einziges Mal.« Wölfisches Grinsen. »Nach dem Dreikönigstreffen vor zwei Jahren in Passau.« Neusig überlegte. »Das Hotel hieß *Wilder Mann*, oder?«

Riedl nickte.

»Mit Hinterhuber?«, fragte Küps ungläubig.

»Was ist denn dabei?«, verteidigte sie sich. »Er hatte so eine einnehmende Art, knuffig irgendwie. Und wir waren sturzbetrunken.« Ihr Tonfall wurde tiefer. »Aber erinnert ihr euch, wer damals *nicht* in Passau war?«

»Glöckle«, sagte Riedl. Er hatte die Hotelquittungen als Dienstbesuch abgerechnet und bei der Kostenstelle des LKA eingereicht. »Wegen Familienfeier entschuldigt.«

Neusig betrachtete ihr weibliches Gegenüber alles andere als freundschaftlich. »Ich war nur Ersatz, die Lückenbüßerin. Normalerweise sah das Programm blonder aus.«

Die Köpfe fuhren herum wie in Wimbledon.

Glöckle zuckte mit den Schultern. »Des Fleisch isch halt schwach. Ich hab immer gsagt, da wird nix draus, ich lass mich net scheiden, schon wegen dem Häusle. Aber er war so ...« Sie suchte nach Worten.

»Beharrlich«, ergänzte Brandeisen. Er konnte förmlich dabei zusehen, wie die Kommissare das Geständnis von Glöckle weiterspannen und mit Bildern füllten. »Bestand denn die Gefahr, dass Hinterhuber sich Ihrem Mann zu erkennen gab?«

»Häh?«

»Um für ordentliche Verhältnisse zu sorgen, wie man so sagt.«

»Logisch!«, rief Spänfleck. »Der Hinterhuber hat immer Nägel mit Köpfen gemacht. Wenn der wirklich mehr von der Glöckle gewollt hat, wär er irgendwann mit seinem Benz in Augsburg vorgefahren, hundertprozentig.«

Küps und Riedle pflichteten ihm bei.

Der Staatsanwalt zog ein vorläufiges Resümee. »Als Mordmotive kommen somit Eifersucht und Verdunkelungsabsichten hinzu. Können Sie mir bis hierhin folgen?«

Unwilliges Gemurmel. Ein Verhör, bei dem sie sich gegenseitig belasteten, waren die Kommissare nicht gewohnt.

Brandeisen ließ sie weiter zappeln und nahm sich Wachholz vor. »Von Ihnen stammt die Theorie mit dem tödlichen Schäuferla.«

»Jawohl.«

»Und Sie nehmen in Kauf, dass Sie den Gastgeber damit schwer beschuldigen?«

Ein dankbarer Seitenblick von Küps. Auf den alten Paragrafenreiter war Verlass.

»Die Wahrheit muss ans Licht!« Wachholz ließ sich nicht beirren.

Brandeisen erhob sich und umkreiste langsam den Tisch. »*Nil inultum remanebit*, erlaube ich mir darauf zu antworten. Nichts bleibt ungesühnt. Das steht in unserem Justizgebäude auf dem Deckenfresko. Macht sich gut in jeder Hauptverhandlung.« Er liebte seine rhetorischen Blendgranaten. Und er genoss es, wie dieser Ehrgeizling Wachholz sich davon beeindrucken ließ, ein militanter Nichtraucher, der sich gern in die Angelegenheiten anderer Leute einmischte. In der Sache hatte er ja recht. Aber der Ton machte bekanntlich die Musik. »Nach Ihrer Theorie hat Küps – dessen polizeiliche Verdienste ich an dieser Stelle nicht herauszustreichen brauche – ein noch unbekanntes Gift in die Kruste eines Schäuferlas injiziert.«

»In das größte Schäuferla von allen. Das hat fast ein Kilo gewogen! Und weil der Hinterhuber –«

»Schon recht.« Brandeisen unterbrach ihn mit einer knappen Handbewegung. »Bestimmt kennen Sie auch folgende Theorie: Mörder setzen häufig eine plausible Erklärung in die Welt und verdächtigen andere, um von der eigenen Tat abzulenken.«

»Was ...«

»Und stimmt es, dass Hinterhuber Sie aus dem Club entfernen wollte? Weil er Sie für einen notorischen Querulanten hielt, der für eine – ich zitiere – ›Mordsgaudi‹ unbrauchbar ist?«

Wachholz fehlten die Worte. Er wusste, dass er einen schweren Stand hatte und Hinterhuber manchmal laut über eine Neubesetzung nachdachte. Aber wie hatte das dieser Staatsanwalt spitzgekriegt?

»Das heißt, auch Sie haben ein Motiv«, schloss Brandeisen. Er machte eine Pause, damit sich die Fülle an Neuigkeiten setzen konnte.

Inzwischen stand er neben dem Fernsehsessel, auf dem Hinterhuber wie aufgebahrt ruhte. Der Intendant des Stadttheaters hätte das Schlussplädoyer nicht besser inszenieren können. Vielleicht hätte er sogar eine Revue daraus gemacht.

»Sind Sie bereit, sich meinem Schiedsspruch zu beugen? Mit allen Konsequenzen?«

Die Kommissare bejahten nicht sehr überzeugt.

»Ich beantrage eine Disziplinarstrafe. Für Sie alle!«

Ratlosigkeit machte sich breit. Disziplinarstrafe? Was sollte das heißen?

»Haben Sie wirklich geglaubt, ein Schäuferla befördert einen gestandenen Kommissar wie Hinterhuber ins Jenseits?« Brandeisen lief zur Hochform auf. »Sie sind mir saubere Polizisten! Den Tod eines Freundes als Tatsache hinnehmen und in Gegenwart der noch warmen Leiche einen kleinlichen Grabenkampf anfangen. ›Tribalismus‹ nennt man das, schlagen Sie es im Lexikon nach! Franken gegen Bayern – damit können Sie vielleicht bei der Veitshöchheimer Fastnacht auftreten. Geht es auch zivilisierter?«

»Fei obacht!«, drohte Spänfleck, doch die anderen brachten ihn mit einem »Aus!« zum Verstummen.

»Und über das Rauchen haben Sie sich auch noch entzweit«, fuhr der Staatsanwalt fort. »Dabei ist doch allgemein bekannt, dass diesem Thema selbst mit gesundem Menschenverstand nicht beizukommen ist. Unter Erwachsenen kann man sich vernünftig einigen. Es fehlt Ihnen an sittlicher Reife!«

Die Kommissare schauten sich zweifelnd an. Dass sie eine Standpauke verdient hatten, mochte ja sein, und dass ihre Autorität dabei ein paar Kratzer abbekam, ließ sich wohl nicht vermeiden. Doch worauf wollte der Mann hinaus?

Brandeisen nahm eine feierliche Pose ein. »Hinterhuber!«, sagte er. »Sie können jetzt aufstehen!«

Und das Wunder geschah. Der Münchner richtete sich auf. Mühsam, unter Ächzern und Flüchen, kämpfte er sich hoch – der Fernsehsessel gab sein Opfer nur ungern wieder her. Aber Hinterhubers Lebensgeister waren zu stark für das Möbelstück. Mit einem Ruck und Brandeisens helfender Hand kam er auf die Beine.

Die Kommissare waren vor Überraschung wie gelähmt. Fest gemauert in der Erden stand Hinterhuber vor ihnen und blickte ungnädig auf sie herab.

»Was glotzt ihr wie die Rindviecher, wenn's blitzt?«, fragte er mit Donnerstimme und bemerkte, dass sein Mund völlig ausgetrocknet war. »Hab ich einen Durst!«

Er schien wieder ganz der Alte zu sein.

Küps löste sich als Erster aus der Erstarrung. Rasch schenkte er ein Stamperl Magenbitter ein und reichte Hinterhuber den kräftigenden Trunk. Nicht irgendeinen Magenbitter, sondern einen Bamberger

Sieben-Hügel-Tropfen, per Hand gemischt von einem alteingesessenen Getränkehersteller nach einem streng geheimen Hausrezept aus besten Gewürzen und Kräuterauszügen.

Hinterhuber kostete von dem Remedium. Genau das brauchte er jetzt. Nach der Einstiegsdosis wurde er versöhnlicher und spülte mit einem Bier nach.

Die Kommissare umringten ihn erleichtert und klopften dem Totgeglaubten auf die Schulter. Glöckle drückte ihm einen dicken Schmatz auf die Backe, Neusig nahm die andere Seite. *Wer liebt, gibt niemals jemanden auf,* heißt es im Korintherbrief, und sie nahmen es sich zu Herzen. Und es war Freude und Wohlgefallen unter den versammelten Gesetzeshütern.

Nur Riedl machte sich schwere Vorwürfe. Er hatte Hinterhuber für tot erklärt. Wie konnte er bloß so falsch gelegen haben?

Brandeisen lieferte die Erklärung. »Medizinisch betrachtet war es vermutlich eine tiefe Ohnmacht, eine Art Scheintod infolge eines Schwächeanfalls. Hinterhuber hat das Schäuferla zu gierig runtergeschlungen, der Kreislauf kam nicht mehr nach. Bei so einem Proteinschock setzen schon mal Puls und Atmung aus. Dann werden nur noch die am meisten beanspruchten Organe durchblutet, Leber, Magen und Galle. Der Rest läuft auf Sparflamme, eine natürliche Schutzfunktion des Körpers. Meistens fährt das System von allein wieder hoch. Falls nicht, muss man reanimieren. Bei Hinterhuber war das glücklicherweise nicht nötig. Durch ein Zucken seines Augenlids habe ich bemerkt, dass er noch lebt – während Sie mit Ihren Nickeligkeiten beschäftigt waren.«

Die Kommissare entschuldigten sich für ihr unangemessenes Verhalten und zollten dem Staatsanwalt Respekt für seinen Sachverstand. Brandeisen redete unbeeindruckt weiter und achtete auf den Konjunktiv.

»Ich flüsterte Hinterhuber ins Ohr, dass er noch eine Weile still liegen bleiben müsse, bis er wieder herumspringen könne. Er sagte sinngemäß, ich solle bloß nichts verraten. Er wolle unbedingt hören, was über ihn so geredet werde. Anscheinend bekam er etwas von der Raucherdebatte mit, denn er fügte hinzu: ›Den Wachholz schieß ich auf den Mond.‹«

Letzterer beeilte sich zu versichern, dass er vor allem aus Gründen der Pietät gegen den Zigarettenqualm gewesen sei. Fortan würde er in entsprechenden Situationen ein Auge zudrücken und –

»Scheiß doch auf die Raucherei!« Hinterhuber schnitt ihm das Wort ab und machte eine Prise Schnupftabak startklar. »Aber den Küps verdächtigen ... des war richtig gschert! So was moacht mehr net! Des Schäuferla war der Hammer! Nächstes Mal muass i halt a bissel langsamer tun. Man wird ja nicht jünger nicht.«

Glöckle tätschelte ihm das kanalrohrdicke Knie. »Nur net hudle!«

Die Kommissare grinsten um die Wette. Hinterhuber führte sich seinen Schmalzler zu Gemüte und sagte nichts, denn auch ein bayerischer Gentleman genießt und schweigt.

Schließlich leistete Wachholz beim Gastgeber Abbitte. Das Schweinderl habe ihm ausgezeichnet geschmeckt. Hoffentlich nehme Küps »die Sache mit dem Gift« nicht persönlich, da seien ihm wohl die Pferde durchgegangen.

Küps benutzte die fränkische Universalreplik, um dem Oberpfälzer zu bedeuten, dass er nicht nachtragend war: »Bassd scho.«

»Und worin besteht jetzt die Disziplinarstrafe?«, wollte Neusig wissen.

Alle blickten erwartungsvoll zu Brandeisen, der schon zu einem kleinen Referat über Amnestie und Rechtsfrieden anheben wollte.

»Ihr Hundskrüppel vertragt euch alle wieder!« Hinterhuber haute auf den Tisch, dass die Teller tanzten.

Und so geschah es.

Im weiteren Verlauf des Abends wurde noch gewissenhaft geprüft, ob Hinterhuber während seiner kurzen Absenz einen Hirnschaden erlitten hatte. Zu diesem Zweck zog Küps den Bamberger Intelligenztest heran. Auf dem Flaschenetikett des Sieben-Hügel-Tropfens war der Dom abgebildet, um den sich die sechs weiteren »Berge« des Fränkischen Rom gruppierten. Die Aufgabe lautete, alle sieben Hügel aufzuzählen.

Nach mehreren Anläufen brachte Hinterhuber unter Küpsens Anleitung alle zusammen: Dom, Obere Pfarre, St. Stephan, St. Michael, St. Jakob, Altenburg und den ominösen Abtsberg, der durch eine Art Bischofsstab dargestellt war und selbst den Einheimischen immer wieder Rätsel aufgab.

Die anderen Kommissare mussten es Hinterhuber gleichtun und bei jedem Fehler ein Stamperl Magenbitter trinken. Es war eine willkommene Gelegenheit, das Gedächtnis zu schulen und auch unter widrigen Bedingungen Herr über seinen Verstand zu bleiben. Ob es die ortsfremden Gäste später ins Hotel schaffen würden, war ungewiss. Küps hatte jedenfalls die Genugtuung, eine lokale Attraktion vorzuführen, wie es auch Regiokrimiautoren in ihren Romanen niemals versäumen.

Brandeisen aß noch einen aufgewärmten Kloß mit Soß. Dann verabschiedete er sich. Als Letztes sah er, wie Wachholz erschöpft in den Fernsehsessel sank und die Augen schloss.

Das Leben war wie eine Krimiserie: lauter Wiederholungen.

Fränkisches Schäuferla

Außerhalb Frankens ist dieses Gericht nur noch in Baden verbreitet. Dort wird das »Schäufele« allerdings gepökelt und gekocht. Das Fleisch stammt aus der Schweineschulter bzw. aus dem Muskelfleisch um das Schulterblatt.

Zubereitung

Das Schäuferla waschen, abtrocknen, salzen und pfeffern. Die Schwarte rautenförmig einschneiden (macht auch gerne schon der Metzger). Den Ofen auf 200 °C vorheizen. In einem Bräter das Schmalz erhitzen, zerdrückten Kümmel, Majoran und Thymian zugeben und das Schäuferla darin von allen Seiten anbraten. Etwas kochendes Wasser angießen und mit der Schwarte nach oben weiterbraten. Zwiebeln, Knoblauch und Suppengrün schälen bzw. putzen, klein schneiden und dazugeben. In den Ofen schieben und etwa 2 Stunden knusprig braten. Dabei immer wieder Wasser oder Brühe zugeben, um eine kräftige Soße zu erhalten. Am Ende der Bratzeit die Schwarte mit Bier bestreichen und unter dem Grill überkrusten. Die Soße

Zutaten

(für 6 Personen)
6 Stücke à 500 g von der Schweineschulter (Schulterblatt, mit Schwarte)
3 EL Butterschmalz
2 TL Kümmel
2 Zweige Majoran
2 Zweige Thymian
2 Zwiebeln
2 Knoblauchzehen
1 Bund Suppengrün
1/2 l Bier (möglichst malzig, auf *keinen* Fall Pils!)
1/2 l Fleischbrühe
Salz, Pfeffer aus der Mühle

durch ein Sieb gießen und mit
Salz und Pfeffer abschmecken.

Extra-Tipp
Zum Überglänzen kann man
auch eine Paste aus 2 TL Bier,
1 EL Honig und je 1/2 TL Pfeffer, gemahlenen Nelken, Ingwer
und Muskatnuss bereiten. Die
Schwarte erst am Ende der Garzeit damit bestreichen, sonst
nimmt sie zu viel Farbe an.
Es heißt zwar, die ideale Beilage
für ein Schäuferla sei ein zweites. Klassisch sind allerdings Kar-
toffelklöße. Die macht man aus
fertigem Kloßteig: ein bisschen
kneten, 25 Minuten kochen, ein
Kinderspiel. Falls noch Vitamine
gewünscht sind: Wirsinggemüse
oder Sauerkraut.

Zwischengerichte

Willy Astor
Warte, bis es dinkel wird

Dieser vegetarische Krimi erzeugt in Ihnen wahrscheinlich gemüste Gefühle. Aber ich würze bitten, nehmen Sie's nicht für bare Minze. Wir reiben den 16. Avokadober 1974. Deutschland war Waldmeister. Doch davon wusste niemand im tiefen Süden von Olivien.

In der Region Kardamon bei Limone lag das kleine Dorf Oregano – dort lebten Pfarrer Don Kamille und Peprone.

Don Kamille war gerade aus der Kirsche ausgetreten und hatte wieder nicht für kommunistische Himbeer aus Kuba gepredigt:

»Glaub doch nicht, dass ich für das Rote bete!«

Da wurde die Luft durchschnitten von einer Meldung aus dem Radicchio »... die Nachrichten mit Johannisbeern Körner. Drama auf der Schnittlauchalm. Vor einer halben Stunde haben zwei junge Kartoffeln ins Gras gebissen. Sie waren auf dem Weg zu ihrer Fritteuse. Sellerie ...«

Sofort setzten sich Kamille und Peprone auf ihren Hobel, um hinzugurken.

Es sah nicht besonders lecker aus, wie die beiden Kartoffeln unter ihrem Beil lagen.

Die Menge kochte, es kam zu einem Auflauf. »Wann fassen Sie den Morchelmörder? Jetzt haben wir März, wollen Sie warten bis Mais?«

Hochrangige Beamte kamen vom Festland mit dem Ampfer. Rechtsanwalt Petersielli und Innenminister Otto Chilly. Kurz darauf landete ein schepperndes, wackliges Flugzeug. Aha, die Ratter-TUI.

Im Blitzlicht der Kresse entstieg ein Inspektor aus Wuppertal. Dort gibt es eine vegetarische Schwebebahn, die fährt auf Oberschienen. Der Inspektor bohnte sich den Weg durch die Trauben und stellte sich den Kollegen vor: »Guten Tag sesam, ich bin nicht Ingwer, ich heiße Maroni, heiße Maroni, wo liegen die beiden?«

Der Inspektor erschrak. »Um Gottes willen! An und pfirsich zucchi nie! Aber das ist ja eine feige Sojarei ... schau mal, hirse Spur ... kümmel dich drum, gibt's Verdächtige?«

Broccoli zuckerte mit dem Sultan: »Ihnen kann ich's ja sagen Chef, cayenn' Ahnung. Ich knob'l auch!«

Da trat Don Kamille hervor: »Früchte dich nicht! Ich kenne den Mörder, er heißt Joe Rinderkappa!« Hilfe, es war Rinderkappa Joe! (Lesehilfe: Rindercarpaccio)

Don Kamille wusste, der Kartoffelmörder von Oregano würde sich bald rian. Und er murmelte leise ... »Warte, bis es dinkel wird!«

Zum Verständnis: Pfarrer Don Kamille wurde als Sohn eines Inders in Los Angeles geboren. Darum nannten sie ihn auch gerne »Curry-L.A.-Sohn«. Er lebte im Pfarrhaus mit seinem warmen Haushälter Rene Claude.

Rene Claude war seit seiner ersten Pflückung homobonduell und hatte dauernd die Hand in der Dose. Er hoffte, aus seinem Spargel würde irgendwann ein Mooshammer.

Peprone lebte in wilder Zehe mit der bayrischen Kompostbotin Inge Grünkern-Bratl. Sie hörte auch auf »Grünkernbratlinge«.

Einerseits war sie keine Schönheit. Da gab es wesentlich chicoree, ananaseits war sie die Mutter einer glücklichen Fanillie mit majoran Kindern. Rosmarin, Rapunzel, Charlotte, Julienne und Marille. Die Kinder sangen alle im Chor »Don Bleu«, waren aber sehr unmusikalisch und mussten immer heimlich im Moor üben.

Langsam wurde es dinkel über Oregano.

Peprone studierte gerade die Fenchel-Times und hatte einen Plan. Sie gingen abermals zur Schnittlauchalm, nahmen aber diesmal den Weg, der zu Kräuter führt.

»Sehen Sie das Haus, wo das Licht anis!? Das ist das Kartoffelpuff!« Sie konnten durch's Fenster linsen. Vermutlich waren die Gestalten im Schatten Morellen. Sie mussten das Haus kapern!

Mit einer Zwiebelfahne voran stürmten sie die Steige hinauf und standen vorm Zimmer einer Pampelmuse, auf deren Tür stand: Bitte leise, hier ruht Grepf! (Lesehilfe: Grapefruit) Dort lag eine ganz billige Dirne, Verzeihung, eine ganz dillige Birne. Mit Riesendatteln.

»Hey, dillige Birne, war gerade ein Manndaarine?«
»Yes! Mann go!«

Sie hexelten in einem Löwenzahn auf Zimmer 12. Neben einer Kartoffel mit einem Po Tattoo (Lesehilfe: Potatoe) lag schlafend ein Mann.

»Hey, werd mal wach, Older! Wer sind Sie!?«
»Ich bin Erich Spitzweg!«
»Soso! SpitzwegErich! Keine Möhrchen!«, schrie Kamille und riss ihm seine Perücke weg. »Aah! Rinder-

kappa Joe! Du brauchst dich gar nicht kostymian! Setz dich erstmal gerade hin!«

»Waaaaas? Das geht Sie gar nix an, auf welche Art isch hocke!«

»Ich heiße Maroni und habe einen Schwarzwurzelgürtel in Karote, Sie sind verhafertet!«

Peprone war begeistert von Inspektor Maroni und knutschte ihn ab. Cous Cous.

»Wollen Sie meine schönste Tochter zur Frau!?«

»Ja, maggi.«

Auch Don Kamille gab seinen Segen: »Ja, dann gehe hin und meerrettich!«

Letzten Endes hatte Don Kamille für Maroni die Kastanien aus dem Feuer geholt und wusste von Anfang an, es würde alles zu einem guten Endivien.

Obst es glaubst oder nicht. Wirsing!

Wirsing-Cremesuppe

Zubereitung

Wirsing waschen, putzen und alles in grobe Streifen schneiden (eventuell den groben Strunk herausschneiden und klein hacken). Zwiebel grob würfeln und in der Butter glasig braten. Kartoffeln sauber bürsten, ungeschält in kleine Würfel schneiden und zu den Zwiebeln geben. Alles kurz anbraten, dann mit gut der Hälfte der Gemüsebrühe ablöschen, 5 Minuten kochen lassen. Wirsing hinzufügen und 10–15 Minuten kochen lassen, bis das Gemüse weich ist. Restliches Wasser, Creme fraîche und Kräuter dazugeben, alles mit einem Pürierstab fein pürieren. Kräftig mit Zitronensaft, Pfeffer, Salz und Muskatnuss abschmecken.

Zutaten

(für 4 Personen)
600 g Wirsing
100 g Zwiebeln
30 g Butter
200 g vorwiegend festkochende Kartoffeln
1 1/2 l Gemüsebrühe
125 g Creme fraîche
3 EL frisch gehackte Kräuter
Zitronensaft
Salz, Pfeffer, Muskatnuss

Tessa Korber
Alles wird gut

»Das hätte mir der Ochs an der Fleischbrücke auch erzählen können!« Der Rentner schaute sich Beifall heischend in der Reisegruppe um und rückte sein Pepita-Hütchen zurecht. Seine Altersgenossen feixten.

Lukas stand vor ihnen und kam sich vor wie ein Idiot. Das lag nicht nur an dem billigen Kostüm, das Sarah ihm für die Führungen genäht hatte und das irgendwie barock aussehen sollte, ihn aber vor allem zwang, schwule Kniehosen zu tragen, eine Brokatjacke mit Bändern, die nicht aus Brokat war, und eine dämliche runde Mütze, die immer wieder in seine Stirn rutschte, weil sein Vorgänger als Stadtführer ein Franke mit wesentlich dickerem Schädel gewesen war. Vermutlich auch mit dickerem Fell, dachte Lukas. Er sollte versuchen, ruhig zu bleiben.

Sie standen vor dem mittelalterlichen Schuldturm Nürnbergs, dem sogenannten Männereisen, in dem einst der Stadtrichter Hans Stromer einsaß, wegen Spionage und weißnichtwas blabla. Jedenfalls hatte er während seiner Haft jeden Tag als Vergünstigung eine Bratwurst erhalten und auch gegessen, so stand's in Lukas' Unterlagen, und so erzählte er das auch. In all den Jahren bis zu Stromers Tod wurden es angeblich stolze 28.000 Würste. Die meisten Touristen hatten das bislang lustig gefunden.

Und jetzt kam dieser Kerl daher, mit seiner kugelrunden Platte unter dem lächerlichen Hut und seinem

Stock, den er immer so widerlich besserwisserisch schwang, und multiplizierte: eine Wurst mal 365 Tage mal 33 Jahre. »Denn so lang hat der Stromer gesessen, bis er starb«, posaunte er fröhlich, als hätte er den Stadtrichter noch persönlich gekannt. Ausschließen wollte Lukas das nicht. »Und das macht, na, na?«

Lukas stöhnte. Wenn er gut in Mathe gewesen wäre, hätte er sein Medizinstudium nicht abgebrochen. Und wenn du gut in irgendwas wärst, flüsterte eine Stimme in seinem Kopf, dann würdest du nicht täglich diesen miesen Job und dich selber lächerlich machen.

Der Rentner verkündete das Ergebnis seiner Berechnungen. »In Wahrheit müssen's zwei pro Tag gewesen sein, und an den Feiertagen noch ein paar extra.«

Na und, dachte Lukas und bemühte sich um ein Lächeln. »Der Stadtschreiber machte sich jedenfalls die Mühe zu vermerken, dass die Würste dem Stromer wohl sehr geschmeckt haben müssen.«

»Drum hat er sich wahrscheinlich auch umgebracht.« Der Rentner schaute sich siegessicher um. Und die Pointe saß, die Gruppe wollte sich ausschütten vor Lachen. Ältere Damen mit dünnen grauen Löckchen kicherten wie die Teenager und wurden so rot, dass die mager bedeckte Kopfhaut gleich mit erglühte. Endlich hatten sie einen Helden. Ihre trüben Augen leuchteten und gierten nach mehr.

Lukas biss sich auf die Lippen und war froh, dass Sarahs Vater das nicht hörte. Der bezahlte ihn widerwillig genug dafür, dass er Werbung für die Nürnberger Bratwürste machte, die er in seiner Traditionswirtschaft anbot. »Werbung, Lukas«, hörte er ihn schon dröhnen. »Des heißd, mer derzählt was Schöns. Und ned, dass die

Leid si nachm Essn umbringe.« Nein, Sarahs Vater hielt nicht allzu viel von ihm.

Lukas schaltete wieder auf seine Führerstimme. »Wir gehen jetzt weiter zur Burg, wo König Max I. von Bayern 1806 zu Gast war und natürlich« – er machte eine Kunstpause – »die berühmte Nürnberger Wurst kredenzt bekam, von der die Fabrikantengattin Helene von Forster sagte, sie seien ›nergerds in der Welt su klaa, su knuspret und su gout.‹« Noch damit beschäftigt, das klebrige Fränkisch von der Zunge zu schütteln, wurde er schon wieder von dem Pepita-Rentner unterbrochen.

»1806«, verkündete der, »ist Franken doch erst bayrisch geworden. Und weil wir gegen seinen Generalkommissar revoltiert haben, hat sich der König ja erst 1823 überhaupt hergetraut!« Das sofort entstehende Wir-Gefühls ausnutzend, schwenkte er seinen Stock in Richtung Burg und marschierte voran. Lukas schaute, dass er wieder an die Spitze kam, und rekapitulierte im Geist den Rest der Führung. Das konnte ja heiter werden: Burg, Lochgefängnisse, dann ging es erst einmal für eine Stärkung in die Wirtschaft. Den Halt an der Fleischbrücke konnte er sich wohl sparen, den Witz mit dem Ochsen hatte der Alte ihm ja schon geklaut. Oh, wie er Rentner hasste.

Lukas war am Ende seiner Kräfte, als er endlich die Gruppe vor sich her in den *Bratwurstkarzer* getrieben hatte. Es war nicht das älteste Traditionslokal in Nürnberg und auch nicht das malerischste. Aber die Führung plus Menü mit »Sechs auf Kraut« kostete nur 15,80, Getränke extra. Und der Laden samt Metzgerei gehörte dem Vater seiner geliebten Sarah, ohne die er gar nicht mehr wüsste, wozu er noch lebte. Auch jetzt schenkte sie ihm, die Arme voller Seidla, den Körper in ein Dirndl gezwängt, ein warmes Lächeln im Vorbeirauschen. Zur Antwort verdrehte er die Augen. Sie hauchte ihm einen Kuss zu und beschleunigte, als ihr Vater vom Zapfhahn aufschaute.

Lukas sorgte dafür, dass seine Schäfchen ihren reservierten Tisch fanden, und flüchtete dann aus dem Gedränge, in dem es intensiv nach Gegrilltem roch und das der offene Buchenholzgrill in der Mitte der Wirtsstube auf fast unerträgliche Temperaturen hochheizte. Nürnberger Würste konnte er schon gar nicht mehr sehen, er winkte gleich ab, als Sarah fragend einen Teller in seine Richtung hielt. Er hatte heute bereits zwei Führungen gehabt, am Nachmittag kämen noch der Amberger Gartenbauverein und eine Reisegruppe aus Duisburg. Lukas wollte von Würstchen, egal welcher Länge, nichts mehr hören und schon gar nichts mehr riechen oder sehen.

Vielleicht war es nicht konsequent genug, sich daraufhin an die Urinale in der Herrentoilette zu stellen.

Lukas' Albtraum war schon da. Samt Stock, Pepita-Hut und einem Stapel Karteikarten, den er studierte. Der Kerl hatte Spickzettel! Kurz erwog Lukas, eine Kabine aufzusuchen, aber er hatte den entscheidenden Schritt schon getan und den Reißverschluss halb offen. Er wollte nicht wie ein Idiot aussehen.

»Das mit dem Schlüsselloch, durch das sie im Gefängnis die Würstchen geschoben haben, ist natürlich Quatsch«, konstatierte der Rentner.

Lukas versuchte, Druck zu machen, aber es kam nichts. »Es ist halt eine nette Anekdote«, quetschte er mit rotem Kopf heraus.

»Hah!« Das ließ sein Gegner nicht gelten und setzte zu einem langen Vortrag über Rohstoffverknappung, Gewinnspannen und Stadtverordnungen gegen Wucher und findige Metzger an, die die Würstchen lieber kleiner machten als schlechter. »So war das nämlich, so und nicht anders! Und das werd ich den anderen auch sagen!« Der Rentner kam näher und fuchtelte mit dem Stock vor seinem Gesicht herum.

Lukas, der sich ausgeliefert fühlte, machte das extrem nervös. Der Kerl stand so nahe, dass er ihm auf die Füße hätte pinkeln können. Einen Moment lang bekam er Lust, das auch zu tun. Aber er konnte ja nicht.

»Jetzt hören Sie doch …«, sagte er, schüttelte trocken ab und zog den Reißverschluss hoch, um wenigstens die Hände freizubekommen. Er wollte etwas von Intimsphäre und Individualdistanz sagen, im Zusammenhang mit und als Ausdruck von Menschenrecht. Doch er kam nicht mehr dazu. Seine abwehrende Armbewegung hatte den Rentner aus dem Gleichgewicht gebracht. Mit dem Stock einmal durch die Luft fuhrwerkend, kippte er nach hinten.

»Au«, rief Lukas empört, der das Ding auf die Schulter bekam. »Können Sie nicht aufpassen?«

Der Rentner konnte gar nichts mehr. Er schlug mit dem Kopf gegen den Handtuchhalter, gar nicht mal fest, es machte nur leise und sauber »knacks«, dann rutschte er an der Wand entlang nach unten und blieb mit weit gespreizten Beinen sitzen.

»Hallo?«, fragte Lukas in die Stille und kam sich wieder einmal vor wie der letzte Idiot. Es roch nach Toilettenstein. Er ging in die Knie und starrte in offene, aber völlig starre Augen. Ein kurzer Moment der Befriedigung wurde sofort hinweggespült von einer Woge, ach was, einem Tsunami der Panik. Er hatte einen Menschen getötet.

Auf dem Gang wurden Schritte hörbar. Gleich käme jemand herein, würde sie entdecken, annehmen, dass Lukas sich seinen Quälgeist vom Hals geschafft hatte. Alles wäre aus. Lukas sprang auf, wandte sich hierhin und dahin, tat keinen Schritt. Am liebsten hätte er geweint.

Es klopfte an der Tür. Danach Sarahs Stimme: »Lukas, bist du das?«

»Mein Gott.« Er riss die Tür förmlich auf und zog sie herein. »Ich bin ja so froh, dass du da bist.«

Sie sagte kein Wort, sondern starrte nur auf den toten Rentner.

»Ich hab nur so ...«, fing er an und hob den Ellenbogen.

»Au«, sagte Sarah und rieb sich den Arm. Einen Moment lang sah sie wütend aus. Dann nahm ihr Gesicht wieder den weichen, mitfühlenden Ausdruck an, den er so an ihr liebte. Wenn der eines Tages mal nicht mehr aufträte, er wüsste nicht, was er täte.

»Der stand beim Pinkeln so nah an mir dran, Ehrenwort.«

»Und deshalb hast du ihn ...?«

Gequält schrie er auf: »Das wollte ich doch nicht!«

»Mei, Lukas«, sagte sie. Und dann: »Hier kann er fei ned bleiben.«

Zwei Minuten später war Sarahs Plan fertig. Der Rentner würde in eine Kabine gehievt, in Position gesetzt und sich selbst überlassen werden. Nach einer Weile, oder spätestens, wenn er vermisst würde und jemand nach ihm suchte, würde er umkippen und die Wunde am Kopf darauf zurückgeführt werden, dass er bei Verrichtung seiner Notdurft einen Herzinfarkt erlitten hätte und von der Schüssel gleitend irgendwo aufgeschlagen wäre. Vor der Tür verschafften zwei gekreuzte Schrubber und das Schild »Reinigung, bitte Damentoilette benutzen« ihnen einen Moment der Ruhe.

»Da, da«, meinte Lukas und klopfte nervös gegen den metallenen Papierhalter. Sarah hinter ihm reinigte gerade den Handtuchhalter. »Da müssen wir seinen Kopf gegenlegen.«

»Die Wunde ist wirklich klein«, stimmte seine Freundin zu, die fertig war, sich die feuchten Hände am Dirndl abwischte und energisch meinte: »Auf geht's.«

Der Körper war schwerer als gedacht, aber das sagten sie im Fernsehen ja auch immer. Sarah und Lukas stöhnten und zerrten. »Die Hose muss runter«, kommandierte Sarah.

»Was?« Lukas schwitzte vor Ekel, aber er sah es ein. Mit zusammengebissenen Zähnen machte er sich am Gürtel des Rentners zu schaffen, was nicht einfacher dadurch wurde, dass der Mann immer wieder nach vorne auf ihn fiel. Ständig musste er unterbrechen, um sein rundes Käppi wieder zurechtzuschieben, das unter den Pepita-Angriffen dauernd verrutschte, bis Sarah es ihm energisch vom Kopf nahm.

»So«, seufzte Lukas und stand auf. Sofort kippte der Leichnam wieder los. Lukas suchte dem zuvorzukommen, indem er schnell die Tür zuschlug. Irgendetwas klemmte, und in seiner Nervosität warf er sich mit voller Wucht dagegen.

»Lukas, ned!« Doch es war schon zu spät. Drei abge-
trennte Finger kullerten über den Boden, kurz und dick
wie Würste. Lukas ging in die Knie und stopfte sie hastig in seine Tasche. »Was?«, fragte er, als er Sarahs Blick
bemerkte. »Das mit dem Infarkt glaubt uns doch jetzt eh
keiner mehr.«

Motorengeräusche lenkten sie ab. Sie öffneten das
kleine Fenster und schauten in den Hinterhof der Wirtschaft. Den Laster bemerken, der die rollbaren Kühlcon-
tainer mit den Würsten anlieferte, einen einsamen Container ausmachen, der in der Nähe des Fensters stand,
und sich entschließen, waren beinahe eins. Den Körper
des Rentners hingegen durch das Fenster zu bugsieren,
in den Hof zu zerren und schließlich in das Kühlbe-
hältnis zu stopfen, das dafür gerade groß genug schien,
war nicht die Arbeit eines Augenblicks. Aber am Ende,
begleitet von Blut, Schweiß und Tränen, war es getan.
Lukas starrte kurz auf den faltigen Hintern, der ihnen
nackt on top ein letztes Mal entgegenblinkte. Pietätvoll
drapierte er das Hütchen drüber. Dann schlug er den
Deckel zu und schob den nunmehr vollen Container
neben die anderen. So, der würde in der Metzgerei auf
ihn warten, die im Rückgebäude untergebracht war. Sie
hatten Zeit gewonnen.

»Uff.«

Sarah nahm seinen Arm. »Du gehst edz zurück zu
deiner Gruppe. Und nachher überlegen wir weiter. Magst
noch was trinken?«

Lukas dachte, dass er jetzt gut hätte pinkeln können,
schüttelte den Kopf und machte sich auf den Weg. Er saß
kaum am Tisch, bestürmt von Fragen der Art, welches
denn der derzeitige Rekord im Würstchenessen sei und

ob es stimme, dass die Nürnberger Bratwürste die ältesten der Welt seien. »Nicht diese«, meinte er und wies auf die Teller. Immerhin ein Lacher. Man war im Aufbruch begriffen, suchte Stöcke, Handtaschen, Halstücher. Sein Handy klingelte, es war Sarah. Ihre Stimme, ganz untypisch für sie, überschlug sich vor Panik. »Lukas, der Container is weg.«

»Was?«

»Der Container is weg. Der Fahrer muss ihn wieder eingeladen haben. Und edz fährt er grad los.« Den Geräuschen nach zu urteilen, stand Sarah am Küchenfenster.

»Wieso hast du auch ...«, begann er vorwurfsvoll.

In Sarahs Stimme klangen Tränen mit. »Mein Gott, ich kann doch ned die ganze Zeit. Ich muss doch bedienen.«

»Krieg raus, wo er hinwill«, schnappte Lukas. »Und ruf mich an.« Vor ihm stand sein Rentnergrüppchen und schaute ihn erwartungsvoll an. Sie wollten schleunigst los? Na, das konnten sie haben.

Im Laufschritt führte Lukas die Gruppe in Richtung der Lorenzkirche und bog dann nach links ab, weil Sarah, die in ihrem alten Käfer die Verfolgung aufgenommen hatte, meinte, der Route nach, die der Fahrer einschlug, beliefere er vermutlich die Lokale am Burgberg.

»Fleischbrücke«, keuchte Lukas, als sie über die Museumsbrücke joggten. »Ganz viel Fleisch.« Für mehr reichte sein Atem nicht.

Sie überquerten den Hauptmarkt. »Fleischmarkt.«

Er musste stehen bleiben, um sich die Seiten zu halten. Vorwurfsvolle Blicke trafen ihn. »Hier wurden die ganzen Würste gewogen, und was nicht passte oder stank, das warf man in die Regnitz, Pegnitz meine ich.« Er fuchtelte in Richtung des Flusses, von dem sie schon ein gutes Stück entfernt waren. »Weiter.«

Oh Glück. Von Weitem konnte er den Wagen mit der blauen Aufschrift stehen sehen – was jetzt zu tun war, wollte ihm allerdings nicht einfallen.

»Ist das das Tucherhaus?«, fragte jemand und wies auf das Fembohaus.

»Äh, nein, das, das ...« Lukas sah, wie der Fahrer wieder einstieg. Er blieb im Führerhaus hocken und schrieb irgendetwas in Listen. Bleib, beschwor Lukas ihn, bleib. »Das ist, äh, das Haus des ehemaligen Kommandanten der Wurstpolizei, die es in Nürnberg seit 1363 gab. Kommen Sie.« Hektisch winkte er sein Grüpplein weiter und folgte im Laufschritt dem Wagen, der sich durch das Gedränge der engen Gassen schob. »Der Mann«, fabulierte er eilig, um den zunehmend rotgesichtigen, kurzatmigen Rentnern, die ihm nachhasteten, keine Gelegenheit zum Nachdenken zu geben, »wurde 1789 von einer Rotte unzufriedener Metzger überfallen, die äh, die ihm drei Finger der linken Hand abtrennten. Also, aus Versehen«, fügte er hinzu, biss sich auf die Lippen und schalt sich einen Idioten. Es ging bergauf. Wo wollte der Kerl hin?

Sarah rief an. »Hab ihn gesehen«, schnitt Lukas ihr das Wort ab. »Ich bleib dran.« Das wurde bergauf nicht leichter. Zwei Stopps später kam die Burg in Sicht, von Lukas' Gruppe war die eine Hälfte dem Infarkt nahe, die andere der Rebellion, hatte aber zu wenig Luft, um zu protestieren. Lukas selbst tendierte zur Verzweiflung. Er hatte eine Leiche zu entsorgen, musste dringend aufs

Klo und hatte keinen Schimmer, was er tun sollte. Der Laster ratterte Richtung Paniersplatz davon, wo er bald Fahrt würde aufnehmen können. »Also, hier, in dem Turm da«, Lukas war den Tränen nahe, »saß der Kaspar Hauser am Anfang seines Nürnberger Aufenthaltes. Und weil er feste Nahrung und auch Fleisch nicht gewohnt war, gab man ihm zunächst zerdrückte Wurstfülle, um ihn, also langsam, zu gewöhnen, nicht wahr?«

Sarahs Käfer kam neben ihm zum Stehen. Sie sah ebenso unglücklich aus, wie er sich fühlte. Kaspar Hausers Leid war ein Dreck dagegen. Lukas fasste einen Entschluss und öffnete die Beifahrertür. »Damit ist unsere Führung zu Ende. Zum Bahnhof geht's da lang«, rief er, sprang hinein und knallte die Türe zu. »Los!«

Erleichtert drückte seine Freundin aufs Gas, dass die Reifen quietschten. Von dem Lieferwagen war nichts mehr zu sehen.

Wenig später, im Berufsverkehr um den Laufertorgraben feststeckend, mussten sie einsehen, dass sie ihn verloren hatten. »Scheiße!«, schrie Lukas und hieb auf die Innenverkleidung.

»Lass das, du löst noch die Airbags aus.«

»Der hat doch gar keinen. Nichts haben wir.« Lukas schlug gleich noch mal drein.

Sarah suchte eine Parklücke, fuhr rechts ran und schaltete den Motor aus. Beide Hände gegen das Lenkrad gestemmt, starrte sie vor sich hin. »Lass uns doch mal logisch vorgehen.«

Keiner von ihnen sagte ein Wort. Da platzte es aus ihr heraus: »Und wenn er ihn in einem der anderen Lokale abgeliefert hat?«

Lukas schüttelte den Kopf. »Der hält den Container doch für leer, wieso sollte er ihn liefern?«

Wieder schwiegen sie.

»Und überhaupt, wieso lasst ihr euch Würstchen bringen, wo ihr doch selber Metzger seid?«

Sarah wurde sauer. »Die Leut' fressen halt zu viel. Das kann doch einer allein gar nicht ...«

»Ja aber ...«

»Lukas!« Ihre Stimme wurde scharf. »Das hilft nun wirklich nicht weiter.« Schweigen.

»Der Lieferwagen«, meinte Lukas endlich, »hatte ein Logo.«

»Richtig«, fiel Sarah erleichtert ein. Sie strahlten einander an. »Kannst du dich erinnern, welches?«

»Nein«, sagte Lukas. »Du?«

Sarahs Strahlen verging. »Nein.« Sie schwiegen erneut. Dann fiel ihr ein: »Aber blau war's. Irgendwie.«

Mit Hilfe von Sarahs Handy fanden sie via Internet schnell heraus, dass es neben all den Kleinmetzgern, die sie nicht interessierten, nur vier Großbetriebe gab, die Nürnberger Bratwürste herstellen und auch so nennen durften. Lukas seufzte. »Ein Glück, dass die Dinger von der NATO geschützt sind.«

»EU«, verbesserte Sarah ihn und tippte auf den kleinen Bildschirm. »WeltGenussErbe. Wichtiger ist aber diese Plakette von wegen ›geschützte geographische Angabe‹. Das heißt, die Dinger müssen wirklich in Nürnberg hergestellt sein.«

»Weiß ich doch alles«, meinte Lukas beleidigt.

Sarah tätschelte seine Hand. »Ich mein doch nur, des macht's uns leichter.«

Sie scrollten sich durch die Homepages der infrage kommenden Betriebe. Und bingo: Blau im Firmenlogo trug nur eine von ihnen.

Als sie vor dem Fabrikgelände ankamen, wurde es bereits dunkel. Der Parkplatz war leer, hinter hohem Stacheldraht summten nur ein paar wenige Peitschenlampen, von einem Pförtner war weit und breit nichts zu sehen.

Lukas holte tief Atem. »Ich werde da jetzt reingehen.« Er versuchte, entschlossen zu klingen. Dabei wandte er den Kopf, um Sarah anzusehen, in der Hoffnung, sie würde es ihm ausreden. Aber in ihrem Gesicht leuchtete nur »mein Held«, wie in großen Neonbuchstaben.

Lukas dachte an den Stacheldraht auf der Zaunkrone, daran, dass er noch immer Kniehosen und Clownsjacke trug, dass er immer noch pinkeln musste und an noch einige andere Niederlagen, die sein Leben bislang gezeichnet hatten, und seufzte.

Nach quälenden Minuten, unterstützt von Sarahs anfeuerndem Geflüster, war er über den Zaun. Zögernd überquerte er den ersten Hof und verschwand hinter der Ecke eines Produktionsgebäudes. Eine Minute später war Lukas wieder da. In der Hälfte der Zeit hatte er den Rückweg über den Zaun bewältigt, während Sarah in die rosafarbenen Rachen dreier Dobermänner starrte, die sich vor ihren Augen durch das Metall zu fressen versuchten. »Die sind völlig hysterisch«, kreischte Lukas, die Strümpfe zerrissen und um einige Bänder erleichtert, und war schon ins Auto gesprungen.

Unfähig, einfach so nach Hause zurückzukehren, hielten sie an einer Tankstelle, parkten neben den Münzstaubsaugern und starrten trübe durch die Scheiben, auf die es langsam zu nieseln begann. Gegenüber blinkten die Lichter eines McDonalds, auf dessen Dach ein großes Transparent für den »Nürnburger« warb, eine Kreation von Uli Hoeneß, dem die größte Wurstfabrik in Nürnberg gehörte. »Nur noch wenige Wochen!«

Und wie viel Zeit blieb ihnen? Irgendwann würde der Wagen an sein Ziel gelangen. Die Container würden entladen, geöffnet, gereinigt werden. Man würde eine Leiche finden und sie anhand der Lieferlisten rasch zuordnen können. Und was dann?

»Und du bist ganz sicher?«, fragte Sarah zum wiederholten Male.

Lukas bestätigte es genervt. Ja, er war sicher. Die Lieferwagen, die im Hof dieser Fabrik standen, hatten ganz anders ausgesehen, größer, sauberer, moderner. Wer immer Sarahs Vater die Würste geliefert hatte, von dort war er nicht gekommen. Sie waren mit ihrem Latein am Ende.

»Sollen wir uns einen Kaffee holen?«, schlug Sarah vor.

Lukas schüttelte den Kopf. »In dem Aufzug geh ich nirgendwo mehr hin.«

»Ich bring dir einen.«

»Du bist lieb.« Er drückte ihr einen Kuss auf die Schläfe. »Wusstest du«, begann Lukas in komischer Verzweiflung, »dass der Hoeneß versucht, ein Bratwurstmuseum zu gründen? Vielleicht sollte ich mich da als Führer bewerben.«

Sarah stieß ihn in die Seite, aber liebevoll. Er streckte den Arm aus, und sie kuschelte sich in seine Achsel. Fast sofort aber schoss sie wieder auf. »Da ist er!«

»Wer?«, fragte Lukas, doch er hatte es schon gesehen. Ein wohlbekannter Lieferwagen war auf das Tankstellengelände gefahren und parkte ein wenig abseits. Ein Mann stieg aus. »Ist er das?«, fragte Lukas.

Sarah nickte. Sie hatte die Tür schon geöffnet. »Ich lenk ihn ab ...«, begann sie.

» ... und ich kümmere mich um den Rest.« Er schluckte, eingedenk dessen, was das bedeutete.

»Lukas?« Sarahs Stimme klang sanft.

»Was?«, fragte er zerstreut.

Sie strich ihm über die Stirn. Er versuchte ein Lächeln. Dann gingen sie los.

Es war leichter, als Lukas dachte, eine Eisenstange, die praktischerweise zusammen mit anderem Werkzeug am Eingang der Waschanlage herumlag, anzusetzen und das Schloss des Laderaumes zu knacken. Es war dunkel, die Ecke einsam, niemand sah, was er tat.

Als er die schon ein wenig rostigen Türen aufstemmte, hätte Lukas am liebsten gelacht. Ein Container, nur ein einziger verwaister Container stand noch drinnen und schien nur auf ihn gewartet zu haben. Das war ja einfach. Er kletterte hinein. Für die Haltegurte, die das rollende Kühlfach an seinem Platz hielten, brauchte er dann doch länger als gedacht. Endlich aber, zwei abgerissene Fingernägel, fünf Flüche und ebenso viele Minuten später, war es so weit, und er rollte das bockende Ding zur Laderampe. Sollte er es einfach hinausschubsen? Oder gab es so etwas wie eine Hebevorrichtung? Während Lukas sich noch umschaute, hörte er Stimmen.

Das war Sarah! Und ein Mann! Verdammt, sie kamen schon zurück! Mit einem Satz brachte Lukas sich in Sicherheit. Bloß nicht in der Falle sitzen, mit einer

Leiche quasi auf dem Schoß. Die Tür zu schließen, blieb keine Zeit, der Knall hätte nur Aufmerksamkeit erregt. Vorsichtig lehnte er die Türflügel an und hechtete dann beiseite. Sein Sprung ließ ihn jenseits des Asphalts in einem Streifen Grünbrache landen, zwischen gebrauchten Kondomen, leeren Dosen und jeder Menge Verpackungen von McDonalds, die der Nachtwind sacht über ihn hinwegwehte.

»Also dann«, hörte er Sarah sagen. »Und gute Fahrt.« Was redete sie da. Als er es begriff, sprang er auf und winkte, was das Zeug hielt.

»Neiiiiiin!«, schrie er, doch es war bereits zu spät. Sarah, das Unschuldslamm, die Hände in den Ärmeln versenkt, stand da und schaute dumm zu, wie der Lieferwagen anfuhr, rasch Fahrt aufnahm und blinkend auf die Ausfahrt zuhielt.

»Niiiiicht!« Doch es war zu spät. In der engen Kurve hinaus auf die Fahrbahn klappten die Türen des Fahrzeugs auf, der Rollcontainer, nicht mehr fixiert, geriet seinerseits in Fahrt und knallte auf die Straße. Lukas schloss die Augen in dem Moment, in dem der Kasten kippte und der Deckel aufsprang. Ein heranrasender LKW hupte, was das Zeug hielt, doch es war zu spät. Ungebremst knallte er in das Hindernis, das von seinen großen Zwillingsreifen umstandslos plattgemacht und wie ein Spielzeug zur Seite gekickt wurde. Der Truck hupte erneut, auf seinem Fahrerhaus blinkten die Lichter, aber er hielt nicht an. Rumpelnd blieben die verbeulten Reste des Containers auf dem Grünstreifen liegen.

»Also, ich ...« Lukas verstummte. Sarah griff nach seiner Hand. Gemeinsam traten sie so an die Unfallstelle heran. Ohne anzuhalten, mit Wusch und Wusch, rasten die Autos vorbei. An Lukas und Sarah zerrte der Fahrtwind, hob ihre Dirndlschürze und ließ seine Brokatbänder wehen. Wie Waisen aus einem Zirkus standen sie da und starrten ohne ein Wort auf die mehr und mehr jede Form verlierende Masse, die sich rosafarben über den Asphalt verbreitete. Wurstfülle.

»Also ich«, wiederholte Lukas nach einer Ewigkeit, »muss jetzt erst mal aufs Klo.«

»Polen? Wieso Polen?«, fragte er spät an diesem Abend. Sie waren aus Mangel an Alternativen schließlich doch zurückgekehrt zur heimatlichen Wirtschaft. Es war nach zehn, und der Betrieb ruhte längst. Die Butzenfenster waren dunkel, die schwere Holztür verriegelt, die Geranien in den alten Kupferkesseln, die als Dekoration von der Traufe baumelten, nickten im Nachtwind mit den Köpfen.

Sarah führte ihn hinten herum, wo die Räume der Metzgerei lagen, und schloss ihnen auf. »Ich hab mich mit dem Fahrer unterhalten«, sagte sie. »Mich ihm vorgestellt und ein bisschen gefachsimpelt.« Als sie Lukas' entsetzten Blick sah, verteidigte sie sich: »Mei, es war halt das Einzige, was mir einfiel. Und da hat er's halt gesagt.«

»Was?« Lukas ließ sich schwer auf einen Stuhl fallen. Hier hinten war es weit weniger gemütlich als in der Gaststube, weniger Mittelalter, mehr Fünfzigerjahre: gelbe Kacheln an den Wänden, angelaufenes metallenes Arbeitsgerät, ein gerahmtes Diplom mit Staub drauf und die üblichen einschüchternden Haken und Messer, die es in Metzgereien nun mal gab. Auf dem Tisch in der Ecke glotzte ihn ein großer Fleischwolf an, der noch mit einer schwarzen Handkurbel betrieben wurde.

»Na, das von Polen halt.« Sarah erzählte, dass der Fahrer wiederum erzählt hatte, er komme aus Kattowitz und fahre auch wieder dorthin zurück jetzt, wo er die Ware abgeliefert habe. Die Billigware. Die, die gegen die EU-Norm verstieß.

»Dass dein Vater sich auf sowas einlässt.« Lukas schüttelte den Kopf.

»Die Leut ...«, begann Sarah.

»Ich weiß.« Er war müde. »Sie fressen halt so viel.«

»Mechsd was essen?«, fragte Sarah.

Lukas griff nach ihrer Hand und drückte sie. »Wenn das hier vorbei ist«, sagte er müde, »dann machen wir beide einen vegetarischen Imbiss auf.«

Die Sprödigkeit in ihrer Stimme schmolz. »Mei, Lukas.«

Ein lauter Knall ließ sie aufschrecken. Sarahs Vater stieß den Rollcontainer heftig gegen die Tür, um ihn hereinbugsiert zu bekommen. Als er sie sah, hielt er inne. »Wenn ich gewusst hätte, dass hier jemand ist«, stellte er fest, »hätte ich mich nicht so anstrengen müssen.« Er schnaufte.

Sarah sprang ihm sofort bei, packte den Container und schob ihn in eine Ecke. Lukas war zu nicht mehr in der Lage, als das Ding anzustarren. Seitlich, entlang der Ritze, mit der der Deckel abschloss, lugte unter dem Isoliergummi eine dunkle Linie hervor. Sie war aus Stoff und das Muster unverkennbar: Pepita.

Der alte Metzger schnaufte. »Morgn fängt doch des Bradwurschtdorf aufm Trödelmarkt oo«, keuchte er.

Lukas nickte mechanisch. »Ich weiß.«

»Dou moumer hald auch ämol a Nochdschichd einleegn. Is alles nimmer su einfach heidzerdooch.« Der

Metzger warf ihm einen prüfenden Blick zu. »Nun gut«, begann er, im Ton einer Ansprache. »Weilst edzerd eh braggdisch zur Familie ghörsd und vielleichd irchendwann die Sarah hei...«

»Vadder!«, unterbrach sie ihn scharf.

Sein rotes Gesicht wurde eine Note dunkler. »Scho guud, scho guud, ich sooch jer nix. Aber's is Zeid, dass er die Realidäädn der Familie kennerlernd.«

»Dass des Zeich aus Polen kummd?« Es lag eine gewisse Verachtung in Sarahs Stimme.

Der Metzger glotzte sie mit seinen vorstehenden Bluthochdruckaugen an. »Reschbeggd«, meinte er dann nur. »Reschbeggd. Aber nur äsu leffd's.« Er holte tief Luft und watschelte in Richtung Container. »Is einfach billicher auf Dauer, da koo mer ned mithaldn. Aber nachwürzen muss mer's, sonst schmeckt's ned.« Er hob eine Plastiktüte von dem Container. Lukas zuckte zusammen. »Salz, Pfeffer, Majoran«, zählte er auf, während er die Großhandelspackungen der entsprechenden Gewürze aus der Tüte zog und auf die Arbeitsplatte knallte. »Am besten ... Herrgottskreuz!« Er griff sich an die Brust.

»Papa«, rief Sarah und schaffte es gerade noch, ihn auf einen Schemel zu bugsieren. Der alte Metzger versuchte, zu Atem zu kommen, aber es wollte nicht gelingen. »Des ...«, stieß er schwer atmend hervor, »Herz. Is. Hald. Alles ...«

»... nicht so einfach«, ergänzte Lukas. Er war aufgestanden. »Sarah!« Zum ersten Mal war sein Ton fest. »Bring deinen Vater auf sein Zimmer. Ich übernehme das hier.« Er warf einen Blick in die Runde wie ein Feldherr vor der Schlacht.

»Du meinst ...?« Sarah starrte erst den Container an, dann ihren Vater, dann ihn.

Lukas nickte langsam. »Ja.« Sagte er. Während er zusah, wie Vater und Tochter langsam den Schlachtraum verließen, fuhr er mit der Hand in seine Jackentasche. Da waren sie ja noch, alle drei. Sein Blick suchte den Fleischwolf. Diesmal durfte er wirklich nichts übersehen.

Es war ein strahlender Tag, der Himmel spannte sich seidenblau über den Fachwerkfassaden der Nürnberger Altstadt. Der rote Sandstein der Brücken leuchtete in der Sonne. Das Bratwurstdorf war gut besucht, von der Show-Tribüne auf dem Trödelmarkt klang fröhliche Musik herüber, und die Leute schunkelten auf den Bierbänken zwischen den Geschäften. Von den rot-weiß gestreiften Buden der Wurstanbieter stieg der Rauch auf.

Sarah stand hinter einem Tisch, auf dem T-Shirts mit launigen Aufschriften wie »Sex auf Kraut« und andere Bratwurst-Devotionalien verkauft wurden. Lukas war der Herrscher am Wurstgrill und wendete und brutzelte, was das Zeug hielt. Hinter ihm prangte eine große Plakette mit der Aufschrift: »WeltGenussErbe – genießen Sie mit!«

In einer Arbeitspause am späten Nachmittag fand Sarah endlich Zeit, ihn zu besuchen.

»Du siehst fei blass aus«, stellte sie fest.

Lukas wendete eine Zeile Würstchen. »War die ganze Nacht auf.«

»Hm«, stimmte sie ihm zu. »Papa war auch ganz beeindruckt. Und er sagt, so gut wie diesmal waren sie noch nie. Du hättest ...«, sie neigte sich vor, um zu flüstern. »Du hättest das polnische Zeug direkt veredelt. Seine Worte, echt wahr.« Sie strahlte und strich ihm über die Wange, froh und stolz, dass ihr Lukas endlich die Anerkennung bekam, die er verdiente.

»Echt«, echote Lukas.

»Edz sei ned so bescheiden.« Sarah lachte. »Er hat sogar gemeint, es wäre an der Zeit, dass du so richtig mit einsteigst.« Vor lauter Begeisterung umarmte sie ihn. »Endlich hat er ein Einsehen«, flüsterte sie an seinem Ohr. Lustvoll knabberte sie dran.

»Ja, endlich.«

Sarahs Tatendrang war nicht zu bremsen. Sie schnappte sich einen Teller, pflückte, ehe er protestieren konnte, zwölf Würstchen vom Grill und winkte eine der Kellnerinnen heran, damit sie Lukas ablöste.

»Komm«, meinte sie und bediente sich am Kraut. »Damit suchen wir uns jetz ein lauschiges Plätzchen. Das haben wir uns echt verdient.« Sie angelte nach den Portionstüten Senf. Dann wandte sie sich nach ihm um. »Oder mechst Ketchup?«

Lukas brauchte eine Weile, dann schüttelte er den Kopf. »Nein, danke, passt schon«, meinte er. »Ist alles gut.«

Blaue Zipfel

Zubereitung

Zwiebeln in Ringe schneiden und im Wasser kochen lassen, bis die Ringe weich sind.

Dann die restlichen Zutaten (bis auf die Bratwürste!) hinzugeben und 20 Minuten leise köcheln lassen, nicht kochen. Den Topf von der Kochplatte nehmen und die Bratwürste in die Brühe geben, 10 Minuten darin ziehen lassen.

In der Terrine mit Bauernbrot zusammen servieren.

Zutaten

(für 10 Personen)
8 große Zwiebeln
1 1/2 l Wasser
500 ml Essig
750 ml Frankenwein
4 ganze Nelken
4 Lorbeerblätter
20 g Pfefferkörner
20 g Wacholderbeeren
20 g Senfkörner
1 Prise Salz
1 Prise Zucker
2 Karotten
1 Sellerie
1 Petersilienwurzel
100 g Champignons
10 Paar Bratwürste

Barbara Ludwig
Auszog'ne

Ich heiße Lizzi, nicht Sisi, ist auch eine Abkürzung von Elisabeth. Geboren wurde ich in Possenhofen am Starnberger See. Genau wie diese Sisi. Aber im Gegensatz zu mir wollte die ja irgendwann freiwillig nichts mehr essen. Nur noch ein Glas Milch am Tag oder so. Wollte anscheinend unbedingt als Hungerhaken durch die Welt laufen. Magersüchtig würde man heute sagen. Nein, also magersüchtig bin ich nicht. Ich mag lieber ein paar schöne Rundungen, nicht nur bei mir, sondern auch beim männlichen Geschlecht. Sieht doch auch gesünder aus, finden Sie nicht???

Aber irgendwann ist mir dieser elende Doktor auf die Pelle gerückt. »Auf die Waage« hieß es bei ihm in der Praxis. Und damit hat eigentlich alles angefangen.

Diät, meinte dieser verrückte Weißkittel, sonst ... Mehr habe ich nicht gehört, denn allein schon das Wort hat bei mir alle Alarmglocken schrillen lassen, und ob Sie das jetzt glauben oder nicht, in diesem Moment hatte ich zum ersten Mal Mordgedanken! Nicht nur gegenüber diesen Spritzenfetischisten. Aber es half kein Gemaule. Ab sofort nur noch mageres Fleisch, Gemüse und vor allen Dingen keinen Zucker. Die erste Zeit ging ja, aber als die Biergartensaison begann ... Kennen Sie die *Wawi*, den *Hirschgarten* und all die anderen herrlichen Orte? Es wird Bier getrunken, deftig gegessen und jeder genießt das Leben. Gut! Dann wissen Sie auch, das eine »Auszog'ne« keine halb bekleidete Fußballerbraut, sondern ein Schmalzgebäck ist. Ich könnte dafür sterben. Verständlicherweise lebe ich lieber, also breche ich alle Verbote, werde zur Täterin.

So einfach ist das.

Neulich, Zimtgeruch wehte zu mir herüber. In der Hand eines Mannes am Nebentisch entdeckte ich eine appetitliche, noch warme Schmalznudel. Goldgelb! Ich konnte den Blick nicht abwenden. Fett floss das Handgelenk des Mannes hinab, Zuckerkörnchen klammerten sich daran fest. Just in diesem Moment blitzte auch noch die Klinge des scharfen Brotzeitmessers vor ihm auf. Das war ein Zeichen. Musste ein Zeichen sein! Meine Gier und mein Verlangen übermannten mich. Mein Trieb zwang mich zuzuschlagen. Obwohl ich Blutvergießen in meinem tiefsten Inneren eigentlich verachte. Das wissen auch meine Freunde. Aber hier gab es kein Halten mehr. Unauffällig näherte ich mich.

Ich sprang.

Er schrie.

Seine Hand sank herunter. Eine rote Lache breitete sich auf den feinen Kieselsteinen unter der großen Kastanie aus. Meine Beute war endlich in Reichweite!

Die Auszog'ne!

Wie schon eingangs erwähnt, diese vermaledeiten Diäten. Sie fordern Gewalt regelrecht heraus.

Ohne sie wäre sicher auch mein Frauchen besserer Laune.

Auszog'ne oder Schmalznudeln

Zubereitung

Die Hälfte des Mehls in eine Schüssel schütten, eine Mulde bilden, darin die Hefe mit der warmen Milch anrühren, mit einem Geschirrtuch abdecken. Im Backofen bei 50 °C oder auf der Heizung oder in der Sonne ruhen lassen, bis sich Blasen bilden.

Restliches Mehl, Topfen oder Quark und Salz zum Teig geben und mit dem Knethaken der Küchenmaschine oder von Hand verkneten, bis der Teig geschmeidig ist. Je nach Bedarf eventuell etwas mehr Mehl oder noch einen Löffel Quark hinzugeben. Den Teigkloß in eine große Schüssel geben und wieder wie oben gehen lassen, bis er etwa doppelt so groß ist. Auf einer bemehlten Unterlage Teigstücke ausziehen. Die Mitte muss dünner als der Rand sein! In heißem Butterschmalz ausbraten, bis sie goldgelb leuchten.

Auf ein Blech geben und zum Essen in Zucker und eventuell etwas Zimt wälzen oder bestreuen.

Zutaten

(für ca. 10 Stück)
250 g Weizenmehl
Type 405
250 g Roggenmehl
Type 610
1 Würfel Hefe oder
1 Packung Trockenhefe
300 ml warme Milch
250 g Topfen (bei Quark
etwas weniger Milch)
25 g Salz

Hauptspeisen
Teil 2

Bernhard Jaumann
Kalbsherzen, leicht blutig

Das *Café Moosmühle* liegt außerhalb Bad Feilnbachs, und so hat man hier meist seine Ruh. Aber selbst wenn die Spezln schon am Tisch sitzen, spürt der Rottmann Toni, wie ihm um die Brust gleich leichter wird. Vielleicht wegen dem freien Blick oder dem friedlichen Plätschern des Wassers.

»Servus«, grüßt der Rottmann Toni. Er knöpft sich die Jacke auf.

»Servus«, sagt der Heinzl. Der Rieke vom Fremdenverkehrsverein und der Ettmoser von der Kurverwaltung nicken bloß. Alle drei haben halbleere Weißbiergläser vor sich. Ob sie noch bei der ersten Runde sind, weiß der Toni nicht genau, aber er merkt, dass er plötzlich einen unbändigen Durst hat. Er schreit in die offene Wirtshaustür rein: »Resi, für mich dasselbe.«

»Das Gleiche, heißt das«, sagt der Heinzl, »weil sonst wär's ja dasselbe wie unsers.«

Wenn es stürmt oder kalt ist, sitzen der Toni und seine Spezln drin am Stammtisch, aber an so einem sonnigen Frühsommertag wäre das wirklich ein Verbrechen. Der Toni lässt sich auf die Holzbank neben der Tür plumpsen. Außer dem ihrigen sind nur wenige Tische besetzt. Lauter Touristen, wie es aussieht.

Über dem Forellenteich der Moosmühle steht eine Wasserfontäne. Am Scheitelpunkt zerfasert sie und fällt in dicken Tropfen nach unten zurück. Im Hintergrund zeigt sich der Wendelstein. Ein Klotz, der mit beiden

Füßen fest auf der Erde steht, möchte man sagen, nur dass halt ein Berg keine Füße hat. In der klaren Luft ist die Fernsehantenne auf dem Gipfel gut zu erkennen. Der Himmel drum herum ist so blau wie in der Bayernhymne. Das Leben ist schön. Grundsätzlich wenigstens.

Der Toni streckt seine Beine aus und fragt zum Heinzl hin: »Und?«

»Was, und?«, fragt der Heinzl zurück.

»Hast ihn fertig?«, fragt der Toni.

»Schon, bloß der Lack muss noch trocknen.«

»Bei dem Wetter kein Problem«, sagt der Ettmoser.

»980 Euro alles in allem tät ich dann kriegen«, sagt der Heinzl. Seit er sich so verschuldet hat, um die *Pension Schwaiger* zu kaufen, ist er bei seinen Werkstattpreisen ziemlich unverschämt geworden.

»980 Euro, aha. Bloß, wer zahlt?«, fragt der Toni. Er schaut der Resi nicht ins Dekolleté, als sie das Weißbierglas abstellt. Er schaut bloß auf ihre Hand mit den schönen, langen, zarten Fingern.

»Wem gehört der Wagen gleich noch?« Der Heinzl probiert es halt, aber da gerät er an den Falschen. Der Toni nimmt das Weißbier, zieht einmal kräftig an, setzt das Glas ab und sagt: »Na, ich zahl wirklich nicht. Das war sozusagen ein Dienstunfall.«

»Wo er recht hat, hat er recht«, sagt der Ettmoser und schaut zum Rieke hin. Der Heinzl schaut jetzt auch zum Rieke hin, nur der Toni schaut über den Forellenteich weg Richtung Wendelstein und sagt in so übertriebenem Hochdeutsch, dass es ihm selbst falsch in den Ohren klingt: »Im Interesse der Allgemeinheit.«

»Das kann ich nicht machen.« Der Rieke schüttelt energisch den Kopf. »Wie soll ich denn das verbuchen?«

»Ja mei«, sagt der Ettmoser.

»Hast jetzt was zum Sagen in deinem Verein oder hast nicht?«, fragt der Toni.

»Es muss ja nicht auf Rechnung laufen«, sagt der Heinzl konziliant. Dem Rieke fallen die Mundwinkel noch weiter herunter, aber er sagt erst mal nichts, weil die Resi fragt, ob es auch was zum Essen sein darf für die Herren. Eine schöne gebratene Forelle vielleicht? Oder ein saures Lüngerl mit Semmelknödel? Und auf der Tageskarte gebe es heute Kalbsherzen mit Bratkartoffeln. Dazu eine feine Apfelkrensoße, natürlich aus ungespritzten Feilnbacher Äpfeln gemacht, und das Fleisch komme vom Huber-Bauern.

»Na hoffentlich eher von seinen Rindviechern«, sagt der Heinzl. Der Ettmoser und der Toni lachen, und alle drei wollen die Kalbsherzen probieren, nur der Rieke denkt anscheinend immer noch ans Geld, weil er nicht direkt was zum Essen, sondern bloß ein neues Weißbier bestellt.

Der Toni nimmt noch einen Schluck. So ein Weißbier tut gut, und irgendwie schmeckt es noch besser, wenn es eine adrette Person wie die Resi auf den Tisch gestellt hat. Der Toni wischt sich über den Mund.

»Machen wir 750 Euro«, sagt der Heinzl. »Dann hab ich praktisch umsonst gearbeitet, aber das ist mir die Sach wert.«

»Müsst ihr immer übers Geld reden?«, fragt der Ettmoser. »An so einem schönen Tag?«

Das Wasser von der Fontäne prasselt mit eintönigem Geräusch auf die Teichoberfläche herab. Das Hochmoor prangt in sattem Grün. Auf dem Bodensee-Königssee-Radweg fährt eine Gruppe Radler in schreiend bunten

Trikots Richtung Westen. Die Wandertouristen schlendern in kurzärmligen Hemden durch die Streuobstwiesen. Beschützt von Wendelstein und Breitenstein liegt Bad Feilnbach da, als wäre es direkt aus einem Gemälde von Wilhelm Leibl herausgesprungen. Der Zwiebelturm der Herz-Jesu-Kirche ragt über die Dächer empor, die Häuser schmiegen sich aneinander. Rote Ziegel, wettergegerbte Schindeln, holzgeschnitzte Balkone, weißgetünchte Wände. Schön haben wir es schon, denkt der Toni und schaut noch mal hin, aber das Pflegeheim Sankt Lukas ist von hier höchstens zu erahnen.

»Wollt's wissen, was er genau geschrieben hat?«, fragt der Toni und kramt den Zettel aus der Innentasche seiner Jacke. Bevor er den Memory Stick zerstört hat, hat er den Text einmal ausgedruckt.

»Wer?«, fragt der Rieke vom Fremdenverkehrsverein. Als ob er das nicht genau wüsste!

Umständlich faltet der Toni den Zettel auseinander und beginnt vorzulesen: »*Bad Feilnbach ist adrett, putzig, anständig. Kein Garten ist hier zu finden, der nicht für den Wettbewerb › Unser Dorf soll schöner werden‹ herausgeputzt scheint, keine Fassade der alten Bauernhäuser, die nicht liebevoll restauriert wäre. Von den blitzblank geputzten Gehsteigen könnte man essen, wenn nicht die Vielzahl uriger Gaststätten noch attraktivere Plätze böte. Auch die Umgebung des Orts ist Voralpenidylle pur. 30.000 Apfelbäume und das vergleichsweise milde Klima ließen einen findigen Tourismusmanager den Beinamen › Bayerisches Meran‹ lancieren ...*«

»Um Gottes willen!«, sagt der Rieke.

»Wo er recht hat, hat er recht«, sagt der Ettmoser.

»Bist wahnsinnig, das mit dir rumzutragen?«, fragt der Heinzl.

Der Toni schert sich nicht drum. Es war Pech, dass er beim Auslosen das Herz-As gezogen hat. Aber er hat die Verantwortung klaglos übernommen, und jetzt ist es ihm halt ein Bedürfnis, die Sach noch einmal Revue passieren zu lassen, auch wenn die anderen sie am liebsten schon vergessen hätten. Sorgen macht sich der Toni keine. Er wird schon darauf achten, dass der Text nicht in falsche Hände gerät. Er liest weiter, vielleicht ein wenig leiser als zuvor:

»Aber selbst hier im bayerischen Oberland gibt es die schöne heile Welt nicht umsonst. Jemand muss die Kosten für Wanderwege und blühende Rosen, für Stadtreinigung und Lüftelmalereien tragen, und das sind die Urlauber. 330.000 Übernachtungen im Jahr machen den Tourismus zum wichtigsten Wirtschaftszweig der Gemeinde, jeder zweite Arbeitsplatz hängt direkt oder indirekt daran. Die Feilnbacher wissen genau, wem sie ihr kleines Paradies zu verdanken haben. Zumindest in der Öffentlichkeit würde sich keiner den Mund über die zahlungskräftigen ›Preißn‹ und sonstigen Ausländer zerreißen. Auf einen Gast allerdings würde man gern verzichten …«

»Kommt's jetzt?«, fragt der Ettmoser.

»Ja freilich, jetzt kommt's«, sagt der Toni und merkt erst danach, dass der Ettmoser mit der Resi geredet und das bestellte Essen gemeint hat.

»Ein bisserl müsst ihr euch schon gedulden«, sagt die Resi im Vorbeigehen. Ihr Dirndl raschelt am Ettmoser seinem Stuhl entlang. Ein fesches Madl ist sie schon, die Resi. Von vorn und von hinten.

Als sie außer Hörweite ist, liest der Toni weiter: *»Dabei hat John Demjanjuk keinem Feilnbacher etwas getan. Nur den Juden, Russen, Polen, Tschechen und wer immer seine*

Opfer im NS-Vernichtungslager Sobibor waren. Am 12. Mai vergangenen Jahres verurteilte das Landgericht München den Mann wegen Beihilfe zum Mord in mehr als 28.000 Fällen zu fünf Jahren Haft. Er verließ das Gericht trotzdem als freier Mann und tauchte kurz darauf im schönen Bad Feilnbach auf, um hier auf das von seinem Verteidiger beantragte Revisionsverfahren zu warten.

John Demjanjuk ist 91 Jahre alt, pflegebedürftig, schlecht zu Fuß und nie im Ort zu sehen. Wer die Kosten für seine Betreuung im Pflegeheim Sankt Lukas bezahlt, verrät die Heimleitung nicht. Man teilt mir mit, dass man gern über Gott und die Welt mit mir reden könne, am liebsten natürlich über Traditionen und Naturschönheiten des Voralpenlandes, aber leider nicht über die Pflegegäste. Und schon gar nicht über den einen. Berufsethos, Schweigepflicht. Es hört sich an, als habe man vom Papst verlangt, das Beichtgeheimnis aufzuheben. Dann wird die Audienz für beendet erklärt.

Auch aus anderen Feilnbachern ist kaum mehr herauszubekommen. Ein Geschäftsinhaber, der ungenannt bleiben will, sorgt sich um den Ruf der Gemeinde. Eine ältere Dame beteuert, dass sie nichts für Kriegsverbrecher übrig habe. Beide sehen jedoch nicht ein, wieso man so großes Aufsehen machen muss und wegen John Demjanjuk gleich einen Reporter aus dem fernen Hamburg herschickt. Die meisten anderen Einheimischen winken sofort ab, haben keine Zeit, müssen jetzt dringend einkaufen gehen. Gartenzwerge wahrscheinlich oder Rosensetzlinge, auf dass ihr Garten noch etwas schöner werde. Ich frage Hoteliers, Apotheker, Pfarrer, Schnapsbrenner, Fahrradverleiher und ernte nur Ausflüchte, Achselzucken und Schweigen.

Mit Provokation hat ein Journalist noch selten etwas erreicht, doch grobe Klötze erfordern einen harten Keil. Ich rechne den Leuten vor, dass fünf Jahre Haft, selbst wenn sie bis zum letzten Moment abgesessen würden, nicht mehr als 1825 Tage sind. Bei 28.000 Mordopfern bedeutet das, dass ein Tag Haft ungefähr 15,3 Morde sühnen würde, oder umgekehrt, jeder Mord mit nicht einmal einer halben Stunde Gefängnis bestraft würde ...«*

»Dafür können wir nun wirklich nichts«, sagt der Rieke. »Da hätte er sich beim Landgericht München beschweren sollen.«

Der Toni lässt sich nicht stören und liest weiter: »*Für das milde Urteil könnten die Feilnbacher nun wirklich nichts, wird mir entgegnet. 28.000 Tote, sage ich, das ist viermal die Einwohnerzahl eurer verdammten Gemeinde, Alte wie Kinder, Männer wie Frauen, jeder Einzelne, der jetzt hier lebt, plus die Generation eurer verstorbenen Großeltern plus die Generation davor und noch eine dazu. Und ihr bringt nicht einmal den Mund für ein offenes Wort auf? Keine Bürgerversammlung, keine Demonstration vor dem Pflegeheim, kein öffentlicher Protest, nichts? Ja, John Demjanjuk ist ein alter, kranker Mann und die ›Sache‹, wie sie den Massenmord hier gern nennen, ist fast 70 Jahre her, aber ist das ein Grund, jedes Verantwortungsgefühl unter den Teppich zu kehren? ...*«

»Demonstrationen sind ganz schlecht«, sagt der Heinzl. »Wir sind doch nicht in Berlin-Kreuzberg.«

»Der Kurgast sucht Ruhe und Erholung. Er will keine Parolen gegrölt hören und schon gar keine Molotow-Cocktails fliegen sehen«, sagt der Rieke.

»Hört's zu, wie's weitergeht!« Der Toni räuspert sich, liest: »*Ich soll nur eine Reportage schreiben, wie ein kleiner bayerischer Ort mit einem unversehens hierher geratenen Kriegsverbrecher umgeht, doch in Bad Feilnbach geht* niemand damit um. Langsam frage ich mich, ob es Zufall ist, dass John Demjanjuk gerade hier Zuflucht gesucht hat. Man bekommt Lust, über die niedlichen Holzzäune in die properen Gärten einzusteigen und unter den Christrosen nach verscharrten Leichen zu graben. Oder mit der Spitzhacke die Sinnsprüche an den Hausfassaden abzuklopfen, um nachzusehen, ob darunter kaum verblichene Hakenkreuze auftauchen. Es gibt schließlich Präzedenzfälle. Genauso ungern wie über John Demjanjuk reden sie hier über den Benediktinerabt Schachleiter, der 1930 ebenfalls nach Bad Feilnbach gezogen ist und bis zu seinem Tod in der Gemeinde lebte. Alban Schachleiter, Nazipriester, völkischer Hetzer und enger Freund des Führers Adolf Hitler, der ihn höchstpersönlich hier besuchte ...«

»Die alten G'schichten«, sagt der Heinzl. »Statt dass mal einer über den Wilhelm Leibl und den Malerwinkel schreiben würde!«

»Wir waren auch nicht mehr und nicht weniger Nazis als wie die andern«, sagt der Ettmoser.

»Damals vielleicht«, wirft der Rieke ein, »aber heute kann davon keine Rede mehr sein. Hier gibt es keinen einzigen Nazi. Wir sind weltoffen, gastfreundlich, tolerant. Aus Überzeugung.«

Und wegen dem Fremdenverkehr, ohne den der ganze Ort vor die Hunde gehen würde, ergänzt der Toni in Gedanken, denn zu sagen braucht er das nicht. Das versteht sich eh von selbst.

»So, die Herren!« Jetzt kommt die Resi mit den Kalbsherzen. Drei ansehnliche Scheiben Fleisch, quer zur Faser geschnitten und innen noch leicht rot. Der Toni fragt sich, ob ein Tropfen Blut hervorträte, wenn man fest mit dem Finger draufdrücken würde. Die Kartoffelscheiben sind mit viel Butter goldbraun angebraten. Genau, wie sie sein müssen. Aus dem Schälchen mit dem Apfelmeerrettich steigt ein aromatischer, fruchtiger Duft mit einem vielversprechenden Hauch von Schärfe.

»Lasst's euch schmecken!«, wünscht die Resi mit ihrer glockenhellen Stimme.

»Einen guten!«, sagt der Heinzl.

»Einen guten!«, sagt der Toni. Er steckt den Zettel in die Innentasche der Jacke zurück. Den Rest des Machwerks kann er genauso gut nachher vortragen, nach den Kalbsherzen. Jetzt würde es bloß den Appetit verderben. Der Ettmoser wickelt das Besteck aus der Papierserviette, der Heinzl packt schon die Bratkartoffeln an.

»Tabula rasa, ohne Rücksicht auf Verluste!« Der Rieke ereifert sich, vielleicht, weil er kein Essen bestellt hat und jetzt zuschauen muss, wie sich die anderen die Bäuche vollschlagen. »Der Mann kommt aus Hamburg zu uns, hat keine Ahnung von gar nichts, erfindet eine Sensationsgeschichte, wo keine ist, und schert sich einen Dreck darum, dass er damit die Arbeit von Jahrzehnten kaputt zu machen droht. Unser Ruf, die touristische Infrastruktur ...«

»Redets ihr von dem SPIEGEL-Reporter?«, fragt die Resi.

»Na, vom Heiligen Geist«, sagt der Heinzl mit vollem Mund.

»Weiß man schon, wie's passiert ist?«

»Besoffen war er halt. Wird mitten in der Nacht kreuz und quer über die Straße gewankt sein, und da haben s' ihn zusammengefahren. Oder, Toni?«

Der Toni schmeckt dem saftigen Kalbsherzenfleisch nach, legt Messer und Gabel am Tellerrand ab, wischt

sich mit der Serviette über den Mund, macht das Weißbierglas mit einem tiefen Zug leer, rückt die Uniformjacke nur ein wenig zurecht, weil er die Knöpfe im Moment
eh nicht zubringen würde, und sagt: »So wird's gewesen
sein.«

»Aber wer ihn zusammengefahren hat, wisst ihr noch
nicht?«, fragt die Resi.

»Ein anderer Besoffener, mein ich«, sagt der Toni,
und weil es die Resi ist, die gefragt hat, fügt er in amt-
lich-wichtigem Ton an: »Die polizeilichen Ermittlungen
laufen noch. Da kann ich keine Auskunft nicht geben.«

»Schad drum«, sagt die Resi. »Das war ein fescher
Bursch, und irgendwie so …«

»So was?«

»… so unbedingt.« Die Resi schaut in die Ferne, Richtung Wendelstein. Das, was aus ihrem Dekolleté drängt,
hebt sich und senkt sich. Fast hört es sich an, als ob sie
leise seufzen würde, und weil der Toni nicht weiß, wohin
mit den Augen, schaut er den Rieke an, und der Rieke
schaut zum Ettmoser hin, und der Ettmoser zum Heinzl,
und der Heinzl sagt zur Resi: »Jetzt red keinen Schmarrn
und bring uns noch ein Weißbier!«

»Ihr denkts auch nur an eins«, sagt die Resi und zieht
ab. Der Ettmoser, der Heinzl und der Toni essen schwei-
gend weiter. Das Fleisch ist fest und gleichzeitig so
weich, dass das Messer durchgeht wie durch Butter. Der
Toni spießt ein Stück auf und tunkt es in den Apfelkren.
Trotz der fruchtigen Schärfe schmeckt es irgendwie fad.
Und der Haufen Bratkartoffeln ist entschieden zu viel.
Den schafft er beim besten Willen nicht.

»Irgendwie so unbedingt! Ja, ist die Resi noch ganz
bei Trost?« Der Rieke schüttelt den Kopf.

»Weiber!«, sagt der Heinzl.

»Wo sie recht hat, hat sie recht«, sagt der Ettmoser. »Und ganz unrecht hat er auch nicht gehabt, der Journalist, bloß sagen hätt er's nicht müssen. Nicht so laut wenigstens.«

»Zumindest veröffentlichen hätt er's nicht wollen dürfen«, meint der Heinzl.

»Womit hat der Journalist nicht ganz unrecht gehabt?«, fragt der Rieke.

»Einen alten Kriegsverbrecher brauchen wir hier wirklich nicht.«

»Sonst kommt noch einer vom *Focus* oder vom *Stern* oder gar vom Fernsehen und ...« Der Ettmoser beendet seinen Satz nicht.

Überm Wendelstein steht jetzt eine kleine weiße Wolke. Es ist die einzige, die am ganzen Himmel zu sehen ist. Den Toni stört sie kaum. Wenn man es genau nimmt, heißt es in der Bayernhymne ja auch: »Und erhalte dir die Farben seines Himmels, weiß und blau.«

Der Heinzl hat höchstens zur Hälfte aufgegessen, als er sein Besteck auf den Teller legt. Er fragt: »Weiß einer zufällig, welche Zimmernummer der John Demjanjuk im Sankt-Lukas-Heim hat?«

»Im zweiten Stock wohnt er, gleich rechts, wenn man die Treppe raufkommt«, sagt der Ettmoser. Er schaut den Toni an, und der Rieke schaut den Toni an, und der Heinzl schaut auch den Toni an. Alle schauen zum Toni her, und der Heinzl sagt: »Einer von der Polizei könnt doch leicht ...«

»Na, wirklich nicht«, sagt der Toni. Auf seinem Teller liegt ein Haufen Bratkartoffeln neben einem leicht blutigen Kalbsherzen. Der Toni steht auf und geht durch die

Tür in die Wirtshausstube hinein. Die Resi hat gerade die vier Weißbier fertig und stellt sie mit ihren feingliedrigen Fingern aufs Tablett. Der Toni sagt: »Resi ...?«

»Hat's geschmeckt?«, fragt die Resi und nimmt das Tablett auf.

»Schon«, sagt der Toni, »aber ich wollt eigentlich ...«

»Ja?«

»Wir bräuchten noch Schafkopfkarten«, sagt der Toni.

»Wollts' spielen?«, fragt die Resi.

»Ich nicht«, sagt der Toni, »aber die andern, die müssen schnell was auskarteln.«

Epilog:

Der ehemalige KZ-Scherge John Demjanjuk wurde an einem Samstagmorgen um 4.45 Uhr tot in seinem Bett im Bad Feilnbacher Sankt-Lukas-Heim aufgefunden. Dass ein 91-jähriger, vom Leben gezeichneter Mann plötzlich versterben kann, obwohl er am vorherigen Nachmittag noch im Hof des Pflegeheims spazieren gegangen ist, mag nur Böswillige verwundern. Um alle Spekulationen auszuschließen, wurde der Leichnam Demjanjuks von der Gerichtsmedizin obduziert. Fremdeinwirkung oder eine unnatürliche Todesursache wurden ausgeschlossen. Drei Monate später war allerdings in den Todesermittlungsakten zu lesen, dass Demjanjuk in der Todesnacht das Schmerzmittel »Novalgin« verabreicht worden war. Da dieses für Leukämiepatienten wie Demjanjuk nicht geeignet sei, hat sein Verteidiger bei der Staatsanwaltschaft Rosenheim Strafanzeige gegen die behandelnden Ärzte gestellt. Begründung: Das Schmerzmittel habe zum Tod des ehemaligen KZ-Wachmanns geführt.

Geschmortes Kalbsherz

Zubereitung

Das Kalbsherz von Fett, Adern und Häuten säubern, gründlich waschen und mit Küchenkrepp trocknen. Den Lauch in Ringe schneiden. Sellerie und Karotten schälen, waschen und in Stifte schneiden, Zwiebel fein würfeln. Das Fleisch in einer tiefen Pfanne oder einem Schmortopf auf beiden Seiten in heißem Butterschmalz anbraten, mit Salz und Pfeffer würzen, herausnehmen und in Alufolie wickeln. Überschüssiges Fett abgießen. In derselben Pfanne das Gemüse in Butter andünsten, etwas Wein oder Brühe angießen und das Fleisch auf das Gemüse zurück in die Pfanne legen. 45 Minuten auf kleiner Hitze zugedeckt schmoren lassen. Bei Bedarf Flüssigkeit nachgießen.

Fleisch herausnehmen, zugedeckt warm halten. Soße aufkochen, durch ein Sieb in die Pfanne zurückgießen, nach Geschmack

Zutaten

(für 2–3 Personen)
1 kleines Kalbsherz (etwa 600 g)
1 Stange Lauch
1/2 Stange Staudensellerie
1 Karotte
1 kleine Zwiebel
Butterschmalz
Salz, Pfeffer
Butter
Weißwein oder Gemüsebrühe
Petersilie

mit etwas Pfeffer würzen, mit einem Stück kalter Butter legieren und zum Schluss fein gehackte Petersilie darüberstreuen.

Fleisch in Scheiben schneiden, mit der Soße, den Bratkartoffeln und dem Apfelkren anrichten.

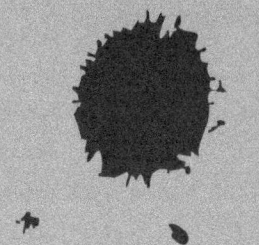

Apfelkren

Zubereitung

Für den Apfelkren die Sahne steif schlagen und mit Salz, Pfeffer und Zucker abschmecken. Den Meerrettich reiben und unter die Sahne heben. Den Apfel schälen und halbieren. Das Kerngehäuse entfernen und die Apfelhälften in nicht zu feine Streifen raspeln. Zitronensaft darüber träufeln. Die Apfelmasse locker unter die Meerrettichsahne heben. Sofort servieren.

Zutaten

1/2 Becher Sahne
Salz, Pfeffer, Zucker
etwa 3 cm Meerrettich-
wurzel
1 Bad Feilnbacher Apfel
2 TL Zitronensaft

Bratkartoffeln

Zubereitung
Die Kartoffeln waschen und in reichlich Salzwasser bissfest kochen. Abgießen, pellen und in halbzentimeterdicke Scheiben schneiden. Den Speck klein würfeln und in einer Pfanne auslassen. Die Kartoffelscheiben dazugeben, bei mittlerer Hitze goldbraun anbraten und gelegentlich wenden. Bei Bedarf etwas Butter zugeben. Mit Salz und Pfeffer würzen.

Zutaten
1 kg festkochende Kartoffeln
durchwachsener Speck
Butter, Salz, Pfeffer

Werner Gerl
Kopflos oder Altmühler Lamm mit Hopfenspargelragout

Ich musste untertauchen, einfach wegziehen. Und niemand sollte wissen, wohin, nicht einmal meine Mutter. Dies allerdings aus gutem Grund, denn Geheimnisse waren bei ihr so gut aufgehoben wie ein Lamm auf der Wolfs-Party. Nein, er sollte mich nicht finden, nicht so schnell zumindest. Deshalb erledigte meinen überstürzten Umzug eine Münchner Speditionsfirma, genauer gesagt zwei kräftige Männer, deren Wiege auf dem Balkan stand und die keinen Bezug zu dieser Gegend, der Hallertau, hatten. Meine Briefe landeten in einem Postschließfach, und weder das gusseiserne Gartentor noch die Eingangstür trugen Namensschilder.

Nur mein Chef wusste zwangsläufig, wo ich wohnte. Manfred Berninger war nämlich so freundlich, mir seine alte Hütte, ein leicht betagtes Einfamilienhaus im Grünen, zu überlassen. Er selbst war vor gut einem Monat in seine neue Villa gezogen, die wegen ihrer Wucht und Größe als Berninger Burg verspottet wurde.

Woher er das Geld für sein niederbayerisches Camelot hatte, wusste im Prinzip jeder. In einem alten Witz heißt es, Politiker seien wie Tauben, solange sie unten sind, fressen sie einem aus der Hand, aber kaum sind sie oben, bescheißen sie einen. Auf Manfred Berninger traf dieser uncharmante Vergleich freilich nicht ganz zu, denn er hatte die Leute bereits nach Strich und Faden hintergangen, als er noch ein kleines Licht am CSU-Himmel gewesen war.

Aber ich durfte mich nicht beschweren. Ich hatte einen guten Stand bei ihm, und die Miete, die er verlangte, war bemerkenswert niedrig. Man hätte von Freundschaftspreis sprechen können, wäre Freundschaft nicht ein absolutes Fremdwort in Berningers Vokabular gewesen.

Niemand wusste also, wo ich wohnte. Umso mehr beunruhigte mich das Paket, das an einem sonnigen Morgen Ende März vor meiner Haustür lag. Es war die übliche gelbe Postschachtel, annähernd würfelförmig mit einer Kantenlänge von rund 30 Zentimetern. Da es weder von der Post noch von einem Paketdienst zugestellt sein konnte, verwunderte es nicht, dass Adresse und Absender fehlten.

Ich schluckte schwer. Sollte er mich ausfindig gemacht haben? Möglich war es, zumal ich in der Region geblieben war. Vielleicht wollte mir aber auch nur ein Nachbar ein Willkommensgeschenk überreichen. Es gibt schließlich Menschen, die etwas scheu sind oder einfach die Überraschung lieben. Wer weiß, vielleicht klebte gerade einer der Nachbarn mit einem Fernglas bewaffnet am Küchenfenster und beobachtete mich neugierig. Frau Vogelwärter würde ich es zutrauen. Vermutlich zerreißt es sie gerade vor Spannung, welches Gesicht ich mache, wenn ich ihren wunderbaren Marmorkuchen auspacke, der in etwa so saftig ist wie die Sahara, oder ihr Sortiment an Fruchtmarmelade oder was auch immer in dem Paket sein mochte.

Vorsichtig nahm ich es hoch. Es war mittelschwer. Mit pochendem Herzen schüttelte ich es leicht. Eine

Bombe, die bei der geringsten Erschütterung detonierte, war auch im schlimmsten Fall nicht zu erwarten. Es war etwas Kompaktes, aber sicher keine Torte. Ich atmete tief durch und ging in das Haus zurück.

Langsam und bedächtig legte ich das Paket auf den Tisch. Es war nicht gerade professionell verschnürt. Die Pappe selbst war schon älteren Datums, und das Klebeband hatte seine Halbwertszeit bereits hinter sich. Dennoch holte ich mir ein scharfes Messer, um möglichst vorsichtig zu Werke zu gehen. Mit einem sägeartigen Geräusch schnitt ich die Klebebänder durch. Dann klappte ich langsam die beiden Deckel auf.

In der Schachtel befand sich ein mehr oder weniger runder Gegenstand, der in eine Aldi-Plastiktüte eingewickelt war. Zur Federung war das Paket mit einigen Zeitungspapierknäueln ausgepolstert. Mit klopfendem Herzen und zitternden Händen nahm ich die Tüte und blickte hinein.

Es war, als hätte mich ein Kugelblitz gestreift. Voller Ekel ließ ich die Tüte fallen. Beim Aufprall gab es ein dumpfes Geräusch. Der Gegenstand, es grenzte schon an Zynismus, sprang noch einmal auf wie ein Ball, bis er auf dem Holzboden liegen blieb. Mir war, als hätte ich dem Tod direkt ins knochige Gesicht gesehen, dabei waren es nur die braunen, unschuldigen Augen eines Rehs.

Vielleicht war es die Faszination des Morbiden, die mich dazu trieb, noch einmal in die Tüte zu blicken. Vielleicht verlangten auch nur meine Sinne nach einer Bestätigung, ob sie nicht einer Täuschung erlegen waren. Doch dem war nicht so. Ein sauber abgetrennter Rehkopf starrte mich an. Das Tier mochte ein paar Tage tot sein, der Verwesungsprozess hatte allerdings noch nicht sichtbar eingesetzt. Auch der Gestank war erträglich, zumal ich nicht sonderlich empfindlich bin und das habe, was man in Bayern einen Saumagen nennt, also einen strapazierfähigen Verdauungstrakt.

Dennoch war mir flau zumute. Hatte er mich gefunden, mein Erzfeind Wiggerl Hastreiter? Oder hatten mir einfach einige pubertierende Jungs aus dem Ort einen Streich gespielt? Aber dass sie mir ausgerechnet einen Kopf vor die Tür legen. Das wäre Zufall, ein verdammter Zufall. Sie hätten um meine Angst wissen müssen. Diese Angst, die mich seit Kindesbeinen verfolgt.

Ich war als Bub nicht gerade ein Draufgänger gewesen. Den Wipfel des höchsten Kirschbaums im Dorf zu erklimmen, blieb den anderen Kindern vorbehalten. Das Schlimmste aber war, dass ich meine Nerven nicht im Zaum hatte, wenn es brenzlig wurde. In einem Mathetest beispielsweise aß ich einmal das Angabenblatt, weil ich eine Aufgabe nicht verstand. Fürchterliche Angst hatte ich auch vor Nachbars Pudel. Als mich dieser einst anhechelte, erlitt ich einen Schreikrampf und sprang in die Mülltonne. In Stresssituationen neigte ich also dazu, den Kopf zu verlieren, eine Redewendung, die ich von meinen Eltern und meinen Lehrern immer wieder zu hören bekam. Und diese Aussage machte mir Angst, höllische Angst. Denn ich nahm sie wörtlich.

Immer und immer wieder plagte mich die Vorstellung, mein Kopf würde sich langsam vom Hals lösen und seitlich wegkippen, so eindringlich und plastisch, dass ich mich oft ins Bad oder auf die Schultoilette flüchtete, um zu überprüfen, ob mein edles Teil noch fest zwischen den Schultern saß. In meinen schlimmsten Albträumen fraßen sich Würmer, Maden und anderes Ungetier durch meinen Körper und zernagten meine Kehle, bis mein Schädel herabfiel wie ein fauliger Apfel. Von Angstschweiß durchnässt wachte ich dann schreiend auf und konnte kaum mehr beruhigt werden.

Man muss schon ein realitätsferner Ruhrpottromantiker sein, um ernsthaft zu fordern, Kinder sollten an die Macht, können doch gerade die Jüngsten grausam und unbarmherzig sein, wenn es darum geht, die Schwächen der anderen auszunutzen, genüsslich den Finger in die Wunde zu stecken und darin herumzubohren. Nein, die Folter macht nicht nur den Aufsehern in Guantanamo Bay oder in irakischen Gefängnissen Spaß. Mein persönlicher Folterknecht hieß Wiggerl Hastreiter.

Ich verfluche den Tag, an dem ich meinem Nachbarn in der Schule meine Ängste anvertraute, denn dieser Freund hatte nichts Besseres zu tun, als überall herumzuposaunen, wie sehr ich mich fürchtete, mein Kopf würde abfaulen. Die Nachricht verbreitete sich nicht im Tempo der normalen Flüsterpost, nein, lediglich eine Durchsage des Direktors wäre schneller gewesen.

Und bereits auf dem Nachhauseweg lauerten mir Wiggerl Hastreiter, der gefürchtetste Raufbold an der Schule, und zwei seiner Spießgesellen auf, darunter mit Lisa Sirtl auch ein Mädchen. Der Rädelsführer selbst nahm mich schnell in den Schwitzkasten, die anderen packten mich an den Armen und Beinen. Dann schleppten sie mich auf eine kleine Wiese hinter der Schule. Dort legten sie meinen Kopf auf einen Baumstumpf wie auf ein Schafott. Ludwig Stark setzte sich mit seinem, McDonald's sei Dank, fetten Leib auf mich, dass ich wie in einen Schraubstock eingezwängt war. Dann folgte die Hinrichtung.

»Lisa, gib mir das Beil«, befahl Hastreiter hinter meinem Rücken.

»Klar Wiggerl, da hast du's. Der Bauer hat's mal wieder liegen lassen.« Dann vernahm ich ein Geräusch, als würde ein schwerer Gegenstand, eine Axt eben, am Boden geschleift.

»Wir köpfen dich jetzt, du Memme.«

Ich schrie aus Leibeskräften, doch Stark quetschte mir die Rippen zusammen und hielt mir den Mund zu.

»Hast du noch einen letzten Wunsch?«

»Vielleicht will er eine Henkersmahlzeit?«, meinte Lisa Sirtl.

»Natürlich«, rief Hastreiter und schlug sich gegen die Stirn. »Fleisch mit Salatbeilage, du wirst begeistert sein. Lass es dir schmecken«, höhnte er.

Voll grausamer Vorfreude lachten Lisa Sirtl und Ludwig Stark, als mir der Bandenführer Regenwürmer, Gras und als Nachtisch eine Handvoll eingetrockneten Kuhfladen in den Mund stopfte.

»Schmeckt's dir nicht? Macht nichts. Du schmeckst sowieso gleich nichts mehr. Sprich dein letztes Gebet.«

Dann zählte Hastreiter bis drei und ließ seine Schultasche auf meinen Hals niedersausen. Ich schrie, weinte und machte mir zu allem Überfluss auch noch in die Hosen.

»Gott, jetzt stinkst du auch noch wie ein Schwein«, schimpfte Stark und ließ mich los.

»Hosenscheißer«, meinte Lisa Sirtl noch verächtlich, dann gingen die drei ihres Wegs. Meine Pein war vorüber. Zumindest für diesen Tag. Sie sollte sich nämlich noch einige Male wiederholen, bis uns das dreiteilige Schulsystem trennte. Während ich auf das Gymnasium ging, wo ich aufblühte, reichte es für das Trio infernale nur für die Hauptschule. Ich verlor Hastreiter aus den Augen und – im Laufe der Jahre – auch aus dem Sinn, bis, ja bis wir vor einem Jahr Nachbarn wurden. Enge Nachbarn wohlgemerkt. Wir bewohnten beide die Parterre-Wohnung in einem Reihenhaus. Unsere kleinen Gärten waren lediglich durch eine Ligusterhecke getrennt, die noch in den Kinderschuhen steckte und uns bis zur Hüfte ging. Die Wände dagegen waren wohl aus Sparbeton und McZiegeln, zumindest konnte ich auch ohne Lauschtechnik der CIA problemlos hören, welche Fernsehsendungen mein Nachbar bevorzugte.

Anfänglich schien es jedoch so, als wäre die Vergangenheit beerdigt, nichts als ein weiterer Sarg auf dem Friedhof der Erinnerungen. Immerhin waren 17 Jahre seit meiner letzten Hinrichtung ins Land gegangen. 17 lange Jahre, in denen viel passiert war. Beruflich lief alles wunderbar. Ich hatte mein Studium abgeschlossen und durfte mich Bauingenieur nennen. Privat dagegen hatte ich wenig Glück. Kurz vor der Hochzeit entdeckte meine langjährige Freundin ihre Vorliebe für Latinos und brannte mit einem mexikanischen Mariachi durch. Seither bin ich vermutlich der einzige Single diesseits der Alpen, der nicht einmal über das Internet eine Frau findet.

17 Jahre nach meiner letzten Folter stand ich Hastreiter wieder gegenüber. Er gab mir die Hand, stellte sich vor und tat so, als würde er mich gar nicht kennen. Doch mir blieb bei seinem Anblick die Luft weg.

»Was haben Sie denn?«, fragte er scheinheilig, als ich puterrot anlief. Ja, er siezte mich sogar.

»Nichts«, log ich und hustete verlegen.

»Sie sind so ... rot«, er begann zu grinsen, »als würde es Ihnen jeden Moment die Birne weghauen.« Dann lachte er lauthals auf und schlug mir mit seiner Tatze auf die Schulter. »Mann, Daniel, du bist immer noch derselbe Knallkörper wie früher, was? Lass uns einen trinken. Auf die alten Zeiten.«

Das Wiedersehen mit meinem Ex-Peiniger war für mich genauso ein Anlass zum Feiern wie Leberkrebs im Endstadium. Aber ich ging mit ihm in die nächstbeste Kneipe, schließlich wollte ich ihn auf keinen Fall verärgern. An diesem Abend betrank ich mich sinnlos. Oder sinnvoll, je nach Lesart. Meinem Kopf ging es am nächsten Morgen schlechter, meiner Seele besser, denn ich hatte das Gefühl, Hastreiter auf Augenhöhe begegnet zu sein. Immerhin hatte ich bis zum siebten Bier und dem vierten Obstler mitgehalten und, im Unterschied zu ihm, meinen Mageninhalt behalten. Saumagen halt. Durch dieses Saufritual, es mag vor allem Abstinenzlern albern vorkommen, hatte Hastreiter etwas von seinem Schrecken verloren.

Die ersten Monate der Nachbarschaft plätscherten so dahin. Es gab wenig Berührungspunkte. Dann kam die Grillsaison. Visuell war es ein Vorgeschmack auf den Herbstnebel, was da vom Nachbargrundstück herüberwaberte. Allerdings keineswegs geruchsneutral. Nun wusste ich, wie sich ein Hering in der Räucherkammer fühlen musste. Dazu kam noch das akustische Element. Hastreiters Garten wurde zum Mekka für die Unterschicht Abensbergs, die bis in die Morgenstunden feierte. Dank Ohropax konnte ich wenigstens manchmal etwas Schlaf finden.

Einmal folgte ich sogar der Einladung der Hastreiters. Vielleicht würde ich so mit dem Terror besser leben können. Zu meinem Erstaunen stellte ich fest, dass Hastreiters Frau niemand anders war als Lisa Sirtl, meine zweite Peinigerin. Aus einer frechen Göre war eine wunderschöne Frau geworden, deren Aussehen allerdings durch einen melancholischen Blick getrübt war. Ich war wie elektrisiert, als sie ihre Hand auf meinen Arm legte und sich für die Grausamkeiten aus vergangenen Tagen entschuldigte. Ich hätte ihr auch einen Massenmord verziehen, so unschuldig, so engelsgleich blickte mich Lisa Sirtl an. Und schon in diesem Moment hatte ich das Gefühl, als würde mich ein Pfeil im Herzen treffen. Doch gerade als ich in ihren Augen zu ertrinken drohte, zerstörte Wiggerl die Romantik, indem er laut zwischen uns ging und uns zuprostete.

Nie wieder ging ich einer Einladung nach. Manchmal sah ich Lisa noch auf der Straße oder im Garten. Ihr Blick wurde melancholischer, ja flehentlicher, doch dachte ich mir zu dem Zeitpunkt, ich würde mir das alles nur einbilden.

Der Sommer war mir vergällt. Und zum ersten Mal in meinem Leben war ich froh, als der Herbst kam. Allerdings wurde es nicht recht viel leiser. Ich hatte mich nicht getäuscht. Die Ehe der Hastreiters hatte wohl seit Längerem schon Risse bekommen, die keine Grillparty, kein wilder Sex in den Morgenstunden und kein Ausflug ins Grüne mehr kitten konnten. Aus den Rissen wurde ein Spalt, und je größer dieser wurde, desto lauter stritten sich die Eheleute.

In einer bitterkalten Dezembernacht blieb es nicht beim verbalen Schlagabtausch. Wiggerl Hastreiter verprügelte seine Frau nach allen Regeln der Kunst. Weinend und schreiend zugleich warf sie sich in ihre Winterklamotten und flüchtete aus dem Haus. Sie kam allerdings nicht weit. Genau genommen nur ein Haus weiter.

»Bitte, Daniel, lass mich rein. Er bringt mich sonst um«, flehte sie mich mit zitternder Stimme an.

Verquollen von Schlägen und tränenüberströmt sah sie, eine hübsche Frau in den besten Jahren, eher nach dem Biest als nach der Schönen aus. Bevor ich antworten konnte, wand sie sich an mir vorbei und schloss die Tür. Dann legte sie den Zeigefinger auf ihren Mund. Nicht zu Unrecht, denn sogleich stürzte Hastreiter aus dem Haus und suchte brüllend seine Frau. Wäre sie nicht bei mir untergetaucht, Hastreiter hätte sie spielend eingeholt und halbtot geprügelt.

Ich schaltete den Fernseher ein und drehte ihn laut, damit man unsere Stimmen auf keinen Fall hörte. Dennoch flüsterten wir. Ich verarztete Lisa, legte ihr Eisbeutel auf die Schwellungen im Gesicht und reinigte eine kleine Wunde auf der Stirn. Dabei spürte ich ihren heißen Atem. Nahe. Ganz nahe. Er wirkte auf mich wie der Liebestrank auf Tristan. Ich verfiel Lisa Hastreiter, wohl wissend, auf welche Katastrophe ich zusteuerte.

Deshalb wollte ich sie so früh wie möglich aus der Wohnung haben. Sie wusste jedoch nicht, wohin sie gehen sollte. Ihre Schwester befand sich zu diesem Zeitpunkt in den USA und würde erst in zwei Wochen zurückkehren. So lange gewährte ich ihr Unterschlupf. Mit größter Vorsicht gingen wir zu Werke. Lisa wusste um die Arbeitszeiten ihres Göttergatten, der mittlerweile einen Job als Kellner in einem Tagescafé angenommen hatte. Lisa dagegen hatte die Mittlere Reife nachgeholt und in einer Speditionsfirma einen respektablen Büroposten ergattert. Morgens ging sie nach ihm aus dem Haus und abends, wenn es finster war, schlich sie vorsichtig die Wände entlang.

Und dann geschah es. Aus Dankbarkeit kochte mir Lisa abends immer ein leckeres Essen. Beim Kartoffelschälen, sie wollte uns mit einem Gratin Dauphinois den Feierabend versüßen, hobelte sie sich ein gutes Stück Haut von der Kuppe. Ich stillte die Blutung, wusch die Wunde und klebte ein Pflaster darüber. Zur Abrundung, es kam einfach über mich, küsste ich den verletzten Finger. Daraufhin stöhnte Lisa. Eigentlich hörte ich nichts. Ich spürte nur etwas, nämlich ihren heißen Atem. Ich sah ihre sinnlichen, vollen Lippen, ihre süßen Sommersprossen um ihr Stupsnäschen, ihr widerspenstig-lockiges Haar, ihre rehbraunen Augen. Unlöschbar war die Flamme der Begierde in mir entzündet, und Sekunden später fanden wir uns ineinander verknäult auf meiner ausziehbaren Ikea-Couch wieder.

Ich war ein ausgehungerter Wolf. Immerhin lebte ich seit sieben Monaten wie ein Mönch. Einen Monat jedoch holte ich allein in dieser Nacht nach. Die anderen in den folgenden Nächten. Ich war selbst über meine sexuelle Kondition erstaunt, aber es war wohl Lisa, die mich Nacht um Nacht zu neuen Höhenflügen antrieb.

Das Glück währte freilich nicht lange. Es war ausgerechnet an unserem letzten Abend. Ich trug zwei Supermarkttüten mit Zutaten für unser Abschiedsessen nach Hause, als Hastreiter an mir vorbeiging und hineinlugte. Dummerweise ragte nicht nur der Hals der Champagnerflasche heraus, sondern auch die Damenstrümpfe, die ich für Lisa besorgen musste.

»Daniel hat heute Frauenbesuch?«, argwöhnte Hastreiter.

»Ach, nur eine Kollegin«, winkte ich ab.

Mein Herz raste vor Angst, als ich aufsperrte. Ich war kaum zu beruhigen, wollte am liebsten flüchten, irgendwohin, nach Timbuktu, auf den Mond, Hauptsache weit weg von Hastreiter. Doch dann verwöhnte mich Lisa zunächst mit einem göttlichen Mahl und dann mit einer Welle an leidenschaftlichen Küssen, die mir das letzte Fünkchen Licht im Hirn ausknipste. Wir gaben uns wieder der Wollust hin. Ein letztes Mal, so dachten wir. Da klopfte es plötzlich an die Terrassentür. Hastreiter presste sein vor Zorn glühendes Gesicht gegen das Glas, eine hässliche Halloweenfratze, der nichts Menschliches mehr anhaftete. Er hatte uns entdeckt.

»Eine Kollegin? Eine saubere Kollegin ist das! Du Hurensohn!«, schrie er und drosch in seiner Raserei mit der rechten Faust gegen das Glas, dass es zerbarst und er sich heftig die Unterarme aufschnitt. Obwohl er blutete wie ein abgestochenes Schwein, führte er weiterhin seinen Veitstanz auf.

»Ich schneid dir die Eier ab, ich mach dich kalt. Und dich Schlampe zerhaue ich in Stücke!« Er war wie ein Berserker, den erst die Ohnmacht aufgrund des starken Blutverlusts bremsen konnte.

Die Woche, die Hastreiter im Krankenhaus verbrachte, verschaffte uns eine kleine Verschnaufpause, die Lisa dazu nutzte, einfach aus meinem Leben zu verschwinden. Die Furcht vor Wiggerl war stärker als die Liebe zu mir. Viel stärker. Ich dagegen blieb. Und mit mir die Angst.

Ich legte mir ein Butterflymesser und Pfefferspray zu. Eine sinnvolle Anschaffung, wie sich bald zeigte. Hastreiter lauerte mir mehrmals auf, doch dank meiner Ausrüstung konnte ich ihn vertreiben. Seine Drohungen, er werde mir den Kopf abschneiden, und diesmal wirklich und nicht mit einem Schulranzen, wurden immer massiver. Als er mich kurze Zeit später mit einem Beil bedrohte, blieb mir nur die Flucht.

Ich quartierte mich erst zwei Wochen in einem Hotel ein, dann zog ich in das alte Haus von Berninger am Rande von Steinbach, einem schnuckeligen Ort rund fünf Kilometer von Mainburg entfernt, der größten Stadt der Hallertau.

Und nun bewies dieser Rehkopf, dass mich Hastreiter gefunden hatte. Oder doch nicht? Zweifel blieben.

Berninger lud uns einige Tage später in einen Landgasthof ein, um den ersten Spatenstich seines neuesten Projekts zu feiern. Es war besonders umstritten, aber dank seiner Seilschaften konnte er sich gegen alle Widerstände durchsetzen. Eine ortsansässige Firma wollte ein Klärbecken bauen, allerdings auf einem Gelände, das von Laubfröschen bewohnt wurde. Und nicht nur das, auch eine kleine Wohnwagensiedlung war dort entstanden. Einige Aussteiger, eine bunte Mischung aus Pennern und Punks, hatten dort seit letztem Sommer ihre Zelte, sprich ihre wurmstichigen Bau- und Wohnwägen, aufgeschlagen. Und sie wollten partout nicht weichen. Ein erbitterter Streit entbrannte, bei dem Berninger alle Register seines Könnens zog. Als kein Gerichtsbeschluss, keine Polizei, nichts etwas half, das »asoziale Gschmeiß«, wie Berninger seine Widersacher titulierte, zu vertreiben, besann sich mein Chef auf bestimmte Kontakte.

»Diese Jungs aus Weißrussland«, erklärte er mir, »das sind keine Kriminellen. Was die anbieten, ist einfach nur eine Dienstleistung. Schau mal her, die haben eine Preisliste, das ist objektiv. Eine gebrochene Kniescheibe kostet 800 Euro, ein gebrochener Arm nur 400. Das ist ein echter Service.«

Die osteuropäischen Dienstleister regelten das Wohnwagenproblem gründlich und zu Berningers vollster Zufriedenheit. Die Grube war mittlerweile ausgehoben, in zwei Tagen würde sie mit Flüssigbeton ausgegossen werden. Das war ein Grund zum Feiern.

Es gab Hopfenspargel, eine besondere Spezialität aus der Hallertau, die sich das größte zusammenhängende Hopfenanbaugebiet der Welt nennen darf. Dass man den Hopfen nicht nur für das bayerische Grundnahrungsmittel Nummer eins, das Bier, sondern auch für ein schmackhaftes Gericht brauchen kann, geriet eine Zeit lang in Vergessenheit, bis sich einige Bauern und Köche des besonderen Geschmacks der Triebe besannen und erst einige Rezepte und dann die Hopfensprossen selbst ausgruben.

Von den zahlreichen Trieben der Hopfenwurzeln werden nämlich nur drei auf die Drähte gebunden. Den Rest ignorieren die Bauern. Oder schneiden ihn in mühsamer Arbeit zwischen Mitte März und Mitte April ab. Für ein Kilo dieses sogenannten Hopfenspargels zahlt man deshalb Preise um die 40 Euro oder mehr.

Bei unserer Firmenfeier stand Hopfenspargelragout mit einem zarten Lammfleisch auf dem Speiseplan, ein Gaumenorgasmus für jeden Feinschmecker. Zur Einstimmung hielt Berninger eine launige Rede, an deren Ende er seinen Weißbier-Stutzen hob und seiner

Belegschaft zuprostete. Dann öffnete sich die Küchentür, und es erschien ein regelrechtes Rollkommando an Bedienungen, die auf großen Tabletts den Hauptgang hereintrugen. Ich war mehr als gespannt auf diese Hallertauer Delikatesse. Mir lief, wie man so sagt, das Wasser im Mund zusammen. Doch der Speichelfluss versiegte jäh. Denn die letzte Bedienung, welche die Küche ausspie, war niemand anderes als Wiggerl Hastreiter. Offensichtlich hatte er das Tagescafé gegen die gehobene Gastronomie ausgetauscht.

Als sich unsere Blicke trafen, er hatte mich sicherlich vorher bereits ausgemacht, verformte ein hämisches Grinsen sein Gesicht. Pfeilgerade steuerte er auf unseren Tisch zu. Zuerst erhielten die Damen ihr Gericht, dann die Herren, wie es sich traditionell gehörte. Mir gab er den Teller zuletzt.

»Lassen Sie sich den Hopfenspargel schmecken«, warf er in die Runde. »Das sind Hopfenreben, die geköpft wurden.« Dann beugte er sich zu mir herab und flüsterte mir ins Ohr. »Und du bist auch bald einen Kopf kürzer, du Sackgesicht. Dann gibt's Danielspargel.«

Daraufhin schwang er sein Tablett und verschwand wieder in die Küche. Ich war geschockt, kaum fähig zu essen, geschweige denn das köstliche Mahl zu genießen. Mir wurde heiß. Erregung, ja Angst trieb mir den Schweiß aus allen Poren, dass ich tropfte wie ein Kieslaster.

Zu Hause angekommen war ich ein wenig abgekühlt. Allerdings hatte ich meinen alten Grad an Erhitzung sofort wieder erreicht, als ich das Paket vor meiner Tür sah. Es war eine Schachtel ähnlich der ersten, nur größer, und der Absender hatte definitiv das gleiche Klebeband benutzt.

Mit zitternden Händen öffnete ich das Paket. Ich riss es einfach auf, weil ich die Spannung nicht aushielt. Was ich nun sah, zog auch mir den Magen zusammen, und ich erbrach den schönen Hopfenspargel in hohem Bogen in den braungrünen Garten.

Hastreiter hatte eine Nummer größer gewählt. Er hatte mir einen Schweinskopf geschickt. Dieser war jedoch zusätzlich voller Maden und Würmer. Und er stank wie ein mittelalterliches Pesthaus. Dem Präsent lag noch ein Briefchen bei: »So enden alle Schweine, auch du!«

Nun waren die Würfel gefallen. Hastreiter wollte mich töten. Daran bestand nicht mehr der geringste Zweifel. In der Antike herrschte die Meinung vor, das Wesen eines Menschen sei unveränderbar. Ich wollte das Gegenteil beweisen. Diesmal würde ich mich nicht meinem Schicksal ergeben. Diesmal würde ich mich wehren. Denn mir war klar, es gab nur eine Möglichkeit zu überleben: Ich musste Hastreiter zuvorkommen und ihn töten.

Mein Plan war so einfach wie genial. Ohne Leiche kein Mord. Und wie diese unauffindbar zu deponieren war, wusste ich. Aus einem lebenden einen toten Hastreiter zu machen, wäre also das einzige Problem. Aber ich kannte Wiggerls Gewohnheiten.

Mittwochs ließ er sich immer im *Babos* volllaufen, bis ihm das Bier aus der Nase lief. Gegen Mitternacht torkelte er dann nach Hause. Ich kannte seinen Weg. Er führte ihn über eine Wiese, die in Bälde als Bauplatz ausgewiesen werden würde. All die Jogger, Radler, Fußgänger hatten einen Pfad in das struppige Brachland getrampelt, in deren Mitte ein alter, verrotteter Anhänger stand. Dort musste ich ihm also nur auflauern. Niemand würde uns sehen, niemand hören.

Ich war mit meinem Baseballschläger bewaffnet. Er schien mir das ideale Mordinstrument. Einerseits weil ich damit Übung hatte, schließlich hatte ich in meiner Studienzeit regelmäßig Baseball im Englischen Garten gespielt. Andererseits hatte ich vor, ihm das Genick zu brechen, um möglichst keine Blutspuren zu hinterlassen. Dann wollte ich ihn zu meinem Auto schleppen, ihn in Folie einwickeln und später verbuddeln. Ungeduldig erwartete ich meinen Todfeind. Ich war nervös, keine Frage, aber wild entschlossen. Gegen Mitternacht hörte ich ihn. Er sang, torkelte und rülpste. Als er keine zehn Meter von mir entfernt war, straffte ich mich und ging in Stellung. Er musste in wenigen Sekunden an mir vorbei sein, dann wollte ich zuschlagen. Doch er kam nicht. Plötzlich vernahm ich ein Geräusch, ein quasi männliches Geräusch. Hastreiter ließ in hohem Bogen sein Bier wieder heraus.

Es kam mir wie eine halbe Ewigkeit vor, so lange pinkelte er. Endlich setzte er seine besoffenen Glieder wieder in Bewegung. Als er an mir vorbeitorkelte, brauchte er mehr als die Breite des Trampelpfads. Möglichst geräuschlos stand ich auf, holte aus und wollte zuschlagen. Da meldete sich mein Handy. Ich hatte mir den Klingelton *Hell's Bells* von AC/DC heruntergeladen, was im Moment eigentlich so passend wie nie zuvor war.

Das Handy brachte mich aus dem Konzept und Hastreiter zum Stehen. Er drehte sich verwundert um.

»Was ... was machst du elende Drecksau hier?«, stammelte er, als er mich erkannte.

Ich verzichtete auf eine verbale Antwort und schlug zu. Doch man kennt das alte Sprichwort, Kinder und Betrunkene hätten einen Schutzengel, Hastreiter duckte sich instinktiv, und ich drosch lediglich ein enormes Loch in die Luft.

»Du kleines Würsterl willst es mir zeigen, ha?«, feixte er. »Dich hau ich in Stücke, wie früher.« Er drohte mir, obwohl er sich kaum mehr auf den Beinen halten konnte. So machte er mir keine Angst. Die bekam ich erst, als er in seine Jackentasche griff.

»Oder noch besser, ich schneid dich in Stücke.« Hastreiter wedelte mit einem Butterflymesser. Er hatte offensichtlich aufgerüstet. Sogleich versuchte er, mich zu treffen. Er stieß jedoch nicht zu, sondern holte weit aus und versuchte, mir die Brust aufzuschlitzen. Instinktiv wich ich aus und konterte seinen Hieb mit einem Schlag gegen seinen Handrücken, sodass sich seine Rückwärtsbewegung beschleunigte. Und Wiggerl Hastreiter rammte sich sein Messer selbst ins Herz. Ungläubig blickte er mich an und fiel dann um wie ein gefällter Baum.

Normalerweise war die Baustelle auch in der Nacht beleuchtet, doch ich fand sie stockdunkel vor. Das war mir durchaus recht, so musste ich nicht extra das Licht abschalten. Vorsichtig trug ich die Leiche auf die frisch gewalzte Grube. Sie würde am nächsten Morgen unter meiner Obhut mit Beton ausgegossen. Niemand würde Wiggerl Hastreiter jemals finden. Er wäre einfach verschwunden.

Ich keuchte schwer. Wiggerl wog nicht nur mindestens 90 Kilo, er stank auch zehn Meter gegen den Wind wie ein in Bier eingelegter Aschenbecher. Plötzlich hörte ich Stimmen. Leise Stimmen. Ich schrak zusammen. Hier waren Leute, mit Sicherheit. Ich legte den Toten zu Boden und horchte. Doch nichts war mehr zu hören, nichts zu sehen. Vorsichtig hob ich das Loch aus, das ich am Spätnachmittag, nachdem die Arbeiten abgeschlossen waren, bereits mit lockerer Erde präpariert hatte, und vergrub die Leiche. Mein Herz schlug lauter als Big Ben.

Am nächsten Morgen war ich als Erster auf der Baustelle. Ich walzte die Unebenheit noch einmal, damit auch wirklich niemand den Hauch eines Zweifels hatte. Zu meinem Erstaunen entdeckte ich eine zweite, weitaus größere Unebenheit, die ich ebenfalls platt machte. Schließlich kam der Beton und begrub Wiggerl Hastreiter für immer und ewig.

»Ruhe in Frieden, du Mistkerl«, dachte ich erleichtert.

Seltsamerweise hatte ich keine Gewissensbisse. Ganz im Gegenteil, ich konnte erstmals seit dem Vorfall mit dem Rehkopf wieder entspannt schlafen. Offensichtlich hatte ich meinen Seelenfrieden wiedergefunden.

Nervös wurde ich erst zwei Tage später, als zwei Kriminalpolizisten bei mir vorbeischauten. Sie suchten jedoch nicht Wiggerl Hastreiter, sondern meinen Chef, der ebenfalls seit jener Nacht verschwunden war.

»Wie kommen Sie darauf, dass ich wüsste, wo Herr Berninger ist?«, fragte ich die beiden Beamten aus Landshut.

»Nun, es scheint so, als hätte Berninger Sie als Letzten von seinem Handy aus angerufen. Das sagt uns zumindest seine Telefonliste«, entgegnete ein großgewachsener, äußerst humorlos wirkender Kommissar.

Aha! Berninger war es, der mich in der Mordnacht angerufen und der mir damit fast meinen Plan durchkreuzt hatte.

»Stimmt, aber ich habe den Anruf nicht angenommen«, sagte ich wahrheitsgemäß. »Ich habe schon geschlafen. Wissen Sie, ich hatte einen schweren Arbeitstag vor mir und wollte fit sein. Am nächsten Morgen sah ich die Meldung auf dem Display, dachte mir aber nichts weiter dabei.«

»Sie wissen nicht, was er nach Mitternacht noch von Ihnen wollte?«

»Keine Ahnung«, antwortete ich, was ja wieder der Wahrheit entsprach.

Die Polizisten fragten nicht weiter und gingen wieder.

Ich war erleichtert. Allerdings nicht allzu lange. Denn am selben Tag noch, als ich abends nach Hause kam, lag erneut ein Päckchen vor der Haustür. Es war wieder mit dem alten Band zugeklebt, kein Zweifel. Was war das? Kam Hastreiter aus der Hölle zurück, um mich zu ärgern? War er doch nicht tot und hatte sich noch retten können? Dann würde er nun auf blutige Rache sinnen.

Das Päckchen war kleiner und schmaler als die beiden mit den Tierköpfen. Mit zitternden Händen öffnete ich es. Darin lag eine Schachtel Merci. Schokolade! Ich konnte es nicht fassen. Und es war noch eine kleine Karte dabei. Darauf war ein beigefarbener Teddybär mit einem rosa Schildchen abgebildet, auf dem »Sorry« stand.

Völlig konsterniert nahm ich die Karte und drehte sie um.

»Tschuldigung für die Unannehmlichkeiten wegen der beiden Schädel. Wir haben einen anderen gemeint. Einen, der Leuten Arme und Kniescheiben brechen lässt.

PS: Du solltest mal dein Türschild austauschen.
PPS: ... und wen hast du denn verbuddelt?«

Ich ließ die Karte fallen. Konnte das die Möglichkeit sein? Es war alles nur ein Missverständnis gewesen. Nicht Hastreiter hatte mir die Köpfe geschickt, es waren die Typen von der Wohnwagensiedlung. Und sie wollten nicht mich umbringen, sie wollten sich an Berninger rächen. Und sie haben es auch getan. Ich weiß, wo sie ihn vergraben haben. Ein paar Meter neben Hastreiter. Sie hatten, wie ich, die Gunst der Stunde genutzt und die Leiche unter dem Beton verschwinden lassen.

Kurz vor seinem Tod hatte Berninger offensichtlich versucht, mich anzurufen. Wahrscheinlich glaubte er, ich würde ihn retten. Welche Ehre.

Ich lehnte mich an die Hausmauer und ließ mich von den letzten Strahlen der zaghaften Frühlingssonne bescheinen. Vielleicht hatten die Menschen in der Antike doch recht. Vielleicht war das Wesen eines Menschen wirklich unveränderlich. Auf jeden Fall habe ich gehandelt wie der kleine Bub damals in der Grundschule. Ein bisschen Stress, und ich habe wieder einmal den Kopf verloren.

Altmühltaler Lamm mit Hopfenspargelragout

Zutaten (für 4 Personen)

80 g Beluga-Linsen
1 Lorbeerblatt
80 g Zwiebel
Olivenöl
1 gehackte Knoblauchzehe, mit
etwas Salz zu einer
Paste zerrieben
100 g Lauch, in Rauten geschnitten
(weiße und grüne)
100 g Kartoffeln, geschält und in
Würfel geschnitten
200 g Hopfenspargel (ersatzweise
weißer oder grüner Spargel)
600 g parierter Rücken vom Alt-
mühltaler Lamm

200 g geräuchertes Wammerl
150 ml Sahne
100 g Schmand
100 ml Weißbier
1 EL frischer Thymian, gezupft
200 ml Milch
Salz, Pfeffer, Muskat, Koriandersamen am besten frisch gemahlen
Öl, Butter

Zubereitung

Beluga-Linsen in einem Sieb abbrausen und zwei Stunden mit einem Lorbeerblatt reichlich mit Wasser bedeckt einweichen. Zwiebel fein würfeln, die Hälfte in etwas Olivenöl mit einer Spitze von der Knoblauchpaste anschwitzen. Die Linsen mit dem Einweichwasser und dem Lorbeerblatt dazugeben und ca. 15 Minuten bissfest kochen, danach die Linsen abgießen und gut abtropfen lassen.

Etwas Salzwasser zum Kochen bringen und erst die Lauchrauten, dann die Kartoffelwürfel am besten im selben Wasser blanchieren und kalt abschrecken. Um die Farbe des Lauches zu erhalten, sollte das Abkühlen möglichst schnell erfolgen.

Den Hopfenspargel mehrmals wässern und gründlich von Sand, harten Stielteilen und Wurzeln befreien. So weit zum Kopf hin abbrechen, dass er sich *leicht* löst. Manchmal bleibt nur eine kleine genießbare Spitze übrig. Man muss, um später ein optimales Ergebnis zu erzielen, dies sehr gründlich erledigen, damit daraus kein zähes Gemüse wird.

Lammrücken von Sehnen und Häutchen befreien, mit Salz, Pfeffer und etwas Knoblauchpaste würzen, kurz mit etwas Olivenöl anbraten, das Fleisch soll aber innen komplett roh bleiben.

Das Wammerl in lange, dünne Streifen schneiden und den Lammrücken damit fest umwickeln und im Ofen 35 Minuten bei 80 °C erwärmen. In der Zwischenzeit den Rest der Zwiebel mit etwas Knoblauchpaste in ein wenig Butter anschwitzen, den rohen Hopfenspargel dazugeben und bissfest braten, die trockenen Kartoffelwürfel dazugeben und mitbraten. Die Lauchrauten ebenfalls dazugeben, kurz mitanbraten und dann mit Salz, Pfeffer, Muskat und Korianderpulver würzen. Sahne und Schmand hinzufügen und etwas einkochen. Beluga-Linsen zum Gemüse geben, mit einem Schuss Weißbier abschmecken.

Die Lammrolle kann noch mal in etwas Butter von allen Seiten angebraten werden, zum Schluss den frischen Thymian mit in die Pfanne und die Fleischrolle darin schwenken. In Scheiben schneiden und auf dem Gemüse gefächert anrichten.

Milch mit Salz, Pfeffer, Koriandersamen und Muskat würzen, ankochen und mit einem Pürierstab aufschäumen. Diesen Schaum zur Hälfte unter das Gemüse heben und auch damit dekorieren, so wirkt das Gericht noch luftiger.

Beate Maxian
Das Tödliche lebt

Gedankenverloren schmeckte Petra die Soße fürs Beuschel ab und schnalzte genüsslich mit der Zunge. Perfekt, dachte sie, schmeckt wie die von der Oma. Und im selben Augenblick überkam sie ein wenig Wehmut. Im Geiste sah sie ihre Großmutter in der Küche des Gasthofs hantieren. Sah die kräftigen Hände, die den Teig für einen Hefezopf kneteten, Gemüse schnitten und mit dem großen alten Holzlöffel Suppen umrührten. Die Großmutter, die vor noch gar nicht so langer Zeit hier jeden Tag in der Küche stand und mit so viel Freude gekocht hat. Selbst dann noch, als sie schon lange nicht mehr Chefin war und der Vater den Gasthof übernommen hatte. Wenn der Vater doch nur nicht ...

Die Küchentür schwang auf, und Helene Stamm, die jetzige Chefin des Gasthofs in Ainring, schob laut ächzend ihre drei Zentner in die Küche.

»Ja Kruzifixnochamal! Wo bleibt denn jetzt des Lüngerl, das ich vor zwanzig Minuten b'stellt hab? Des dauert ja länger, als wenn i a Viergangmenü kochen würd«, lamentierte die Wirtin und wischte ihre dicken Finger an der Schürze ihres Alltagsdirndl ab.

Du kannst ja Viergangmenü ned amoi schreibn, geschweige denn kochen, schoss es Petra augenblicklich durch den Kopf.

»Ja, wos is jetzt? Oder brauchst a Extra-Einladung?«

Jeden Tag das gleiche Theater, dachte Petra wütend, draußen scharwenzelt sie um jeden Gast herum, säuselt und lässt sich für ihre Kochkünste beweihräuchern, und hier in der Küche führt sie sich auf wie Cäsar. Hinterfotzige Funzn!

Scheinbar ungerührt vom Geschrei ihrer Chefin fuhr sie fort, Semmelknödel aus dem heißen Wasser zu fischen. »Soweit ich weiß, ist in diesem Lokal noch keiner verhungert.«

»Weil ich mei Aug drauf hab, dass das nicht passiert«, plärrte Helene Stamm unbeirrt weiter. »Und jetzt schau, dass d' weiter kommst.«

»Das Beuschel is schon seit gestern Abend fertig, aber die Semmelknödel dazu dauern halt, die sind nun einmal frisch und nicht aus dem Tiefkühlfach.« Petra hievte einen zweiten Knödel aus dem Wasser auf den Teller, reichte es Helene Stamm. »Hier is das Beuschel«, dabei betonte sie den österreichischen Ausdruck für das Gericht aus den oberen Eingeweiden.

»Bei uns in Bayern heißt das Saures Lüngerl, jetzt gewöhn dich endlich dran, ›Beuschel‹ kannst bei dir dahoam über der Grenz' sagen.« Die dicke Wirtin warf ihr einen verächtlichen Blick zu und tippte sich mit ihrem dicken Zeigefinger an die Stirn. »So weit kommt's noch, dass mir in Bayern Beuschel sagen. Und jetzt aber dalli! Da draußen warten noch andere Gäste auf ihr Essen. Die haben schließlich nicht den ganzen Tag Zeit.«

Pudel di da net so auf, du Trampel. I hob a nur zwoa Händ' und steh hier allein in der Küche, dachte Petra, während die Wirtin mit den Tellern verschwand.

Petra konnte und wollte den Job nicht einfach hinschmeißen. Sie musste Geld verdienen, um ihren großen Traum Realität werden zu lassen. *Das alte Grenzhaus* sollte wieder im ehemaligen Glanz erstrahlen. Und

Helene Stamm war dummerweise der Schlüssel zu diesem Ziel.

Der Gasthof lag gleich hinter der österreichisch-bayerischen Grenze nahe Petras Heimatort Wals-Siezenheim im Salzburger Flachgau und ihrem Arbeitsort Ainring in Berchtesgaden.

Das alte Grenzhaus am Siezenheimer Weg hatte ihren Großeltern und später ihren Eltern gehört. Aber ihr Vater hatte die Einnahmen ohne Rücksicht auf Verluste oder gar auf die Familie im Spielcasino in Bad Reichenhall verzockt und das Gasthaus damit ruiniert. Sie mussten den Betrieb schweren Herzens verkaufen, was Petras Großmutter fast das Herz brach. Seitdem wütete Helene Stamm lustlos in der ehemaligen altehrwürdigen Hochburg der bayerisch-österreichischen Küche. Sie hatte den Namen des Gasthofs geändert, die Speisekarte umgestaltet und somit den Geist des *Grenzhauses* endgültig vertrieben.

Jeden Tag fuhr sie, wie zuvor schon ihre Großmutter und später ihre Eltern, mit dem Rad von Österreich über den Siezenheimer Steg nach Bayern in der Hoffnung, dass irgendwann *Das alte Grenzhaus* eines Tages wieder im Besitz ihrer Familie sein würde. Helene Stamm hatte ihr das vor ihrer Unterschrift auf dem Arbeitsvertrag in Aussicht gestellt. Nur deshalb arbeitete sie bei Helene Stamm, überhörte die ewige Nörgelei und übersah die Launen ihrer Chefin. Deshalb, und weil sie eine ganz bestimmte Erinnerung antrieb, das alles zu tun. Als kleines Mädchen hatte sie viel Zeit in dieser Küche verbracht, regelmäßig ihre Hausaufgaben auf dem kleinen Tisch in der Ecke gemacht und ihrer Großmutter dabei zugesehen, wie diese mit Hingabe Strudelteig zog, Kartoffeln schälte oder Fleisch würzte. Sie war es, die Petra mit dem Kochvirus infizierte. Genau in dieser Küche, und ihre Großmutter hatte sofort verstanden, gelächelt und Petra in ihr Geheimnis der Speisezubereitung eingeweiht.

Die Tür zur Küche schwang erneut auf. »Drei Kalbshax'n und fünf Zwetschgendatschi mit Sahne«, brüllte Helene Stamm. »Und für mich machst auch gleich eine Portion mit ... von beidem.«

Das zweite Mittagessen, dachte die Köchin wenig überrascht, aber von nix kommt ja bekanntlich auch nix. Die Wirtin fraß täglich Unmengen in sich hinein. Ihr Tag begann zumeist mit Rührei und Speck, dazu einiges an Gebäck. Um halb zwölf eine, wie sie es nannte, kleine Zwischenmahlzeit und um zwei Uhr Mittagessen, um halb vier Kaffee mit Süßem und am Abend eine ordentliche Brotzeit.

Wenn di heut no da Schlag trifft, mach i drei Kreuzzeichen, dachte Petra.

»Und derweil i iss, kümmerst du di *ausnahmsweise* um die Gäste. Host mi?«, bellte Helene Stamm und betonte das Wort ausnahmsweise. Sie sah Petra nämlich ungern in der Gaststube.

»Ja, hab schon verstanden.«

Mit geschickten Handgriffen richtete die Köchin die Gerichte für die Gäste an.

Seit Petra im *Gasthaus Stamm* kochte, war das Lokal immer gut besucht. Helene Stamm war sich durchaus bewusst, dass sie diesen Erfolg eigentlich nur ihrer Köchin zu verdanken hatte. Dennoch schmälerte sie das Ansehen Petras, wann immer sie konnte. Dass Petra besser kochte als die Wirtin, nahm Helen Stamm ihr persönlich übel.

Als Petra aus der Küche hinter die Bar trat, um die Gäste zu bewirten, während ihre Chefin an einem freien Tisch saß und das Mittagessen in sich hineinschaufelte, hörte sie Helene Stamms alltägliches Klagelied. »I machat eh alles aloans, dann wär's wenigstes so, wia i mir des vorstellat. Aber des geht halt net. Wenigstens hab ich die Österreicherin so weit, dass sie sich an meine Anweisungen beim Kocha halt, weil sonst könnt des Zeug ja niemand essen«, brüllte Helene Stamm den Gästen am Stammtisch zu.

Rutsch mir doch den Buckel obi, dachte Petra im Vorbeigehen. Eines Tages werden die Gäste schon noch erfahren, dass die Rezepte allesamt von mir san, da war sie sich sicher.

»Wie schmeckt's euch?«, fragte die Wirtin Richtung Stammtisch, während sie Unmengen an Salz über die Hax'n kippte. So auffällig, dass es Petra sehen musste.

»Sehr gut.« »Wunderbar!« »Könnt besser nicht sein.« So kam es vielstimmig vom Stammtisch zurück.

»Dann hat sie wieder einmal nur bei mir versagt ... ich glaub eh manchmal, dass sie mir das zufleiß tut«, murmelte Helene Stamm, während sie das versalzene Mahl hinunterwürgte.

Essen macht glücklich, stand auf einem Schild an der Wand zu lesen.

Wenn essen tatsächlich glücklich machte, dann hätte Helene Stamm eine sehr glückliche Frau sein müssen. Jedoch bezeugten ihre 150 Kilogramm lediglich ihre Fressorgien, denn glücklich war Helene Stamm bei Gott nicht.

»Mach da nix draus, Petra«, mischte sich Bertl, ein Stammgast, lachend ein. »Die ist doch nur neidisch, weil

du ausschaugst wia a Fee.« Sein Blick tastet Petras Körper ab. Die Köchin kannte ihre Wirkung auf Männer. Sie
war eine hochgewachsene Schönheit mit vollen Brüs-
ten und schmalen Hüften. Helene Stamm glich einem
Fass, dem man einen Ballon als Kopf und kastanienrote
Schnürsenkel als Haare aufgesetzt hatte.

»Pass fei auf, dass dir die Augen nicht aus dem Kopf
fallen, «, sagte die Wirtin über die Tische hinweg, während sie Petra mit einem Wink zu verstehen gab, dass sie
die leeren Teller von ihrem Tisch räumen sollte.

Diese wusste, dass die Wirtin ein Auge auf diesen
Bertl geworfen hatte und mit ihrer Bösartigkeit ihr Revier
markierte. Den Kerl konnte sie sich gerne behalten. Die
beiden passten gut zueinander. Der Bertl brachte min-
destens so viel Gewicht auf die Waage wie die Wirtin.
Zu Helene Stamms Ärgernis hatte er umgekehrt kein
Auge auf die Wirtin geworfen. Er vergaß Helene Stamms
Anwesenheit augenblicklich, wenn Petra in der Gast-
stube auftauchte, zog die junge Köchin förmlich mit den
Augen aus.

»Was machen die Österreicher, wenn sie nach dem
Autowaschen einen Eimer heißes Wasser übrig haben?«
Helene Stamm sah Bertl direkt ins Gesicht. Der schüt-
telte leicht den Kopf.

»Sie frieren es ein. Heißes Wasser kann man immer
brauchen«, posaunte sie zum wiederholten Mal einen
ihrer Österreich-Witze quer durchs Lokal und zeigte
Petra damit, wer hier das Sagen hatte. Die Wirtin lachte
laut prustend und mit ihr die Stammgäste. Auch der
Bertl. Petra zeigte keine Reaktion.

»Aber jetzt kommt fei bald Martini, d' Ganserl-Zeit,
und mir wissen alle miteiand, dass meine Ganserln

die besten vom ganzen Ort san«, tönte Helene Stamm schließlich quer durch das Lokal. Jedes Jahr prahlte sie aufs Neue damit, die Gans höchstpersönlich nach einem alten Familienrezept zuzubereiten. So stand es dann auch auf der Schiefertafel vor dem Gasthaus: *Stamm's Ganserl nach alter Familientradition.*

Ein Rezept, das, wie alle Rezepte von Helen Stamm, in jedem x-beliebigen Kochbuch zu finden war.

»Hört, hört!«, rief der Bertl anerkennend. »Helene kocht wieder ihr berühmtes Ganserl mit Apfel und Maroni gefüllt.«

Einen kurzen Augenblick glaubte Petra so etwas wie Verlegenheit im dicken Gesicht ihrer Chefin zu erkennen. Und dann kam Petra eine Idee, wie sie ihren heimlich gehegten Plan, allmählich wieder die Gerichte ihrer Großmutter auf die Speisekarte zu bringen, umsetzen konnte. »Diesmal macht die Frau Stamm nicht nur a traditionelles, sondern aa no a anders, a ganz b'sonders Gansl.«

Die Gäste zogen anerkennend die Augenbrauen hoch.

»So, so. Ein anderes Ganserl«, sagte der Bertl. »Was machst denn? Vielleicht statt der Apfel-Maroni-Füllung a Maroni-Apfel-Füllung?«

Wieder lachten die Stammgäste schallend, und Helene Stamm stimmte mit Groll im Bauch ein, um sich nicht dem Spott der Gäste auszusetzen.

Wenig später waren die Gäste gegangen und Petra scheuerte Pfannen und Töpfe, als Helene Stamm die Küche betrat.

»Was machma denn für a Gansl, mir zwoa?«, fragte die Wirtin säuselnd.

»Mir?« Petra schrubbte weiter Geschirr. Sie nahm sich Zeit und ließ die Wirtin zappeln. Langsam nahm sie die Hände aus dem Spülwasser, trocknete sie ab und tat, als ob sie nachdenken müsse. Nach einer – für Helene Stamm wohl gefühlten – halben Stunde verkündete Petra ihren Vorschlag für die Martini-Gans. »I würd a Kartoffel-Innereien-Mischung machen.«

»Hm«, brummte die Wirtin. Petra hielt die Luft an. Der große Moment war gekommen. Sie wusste, dass Helene Stamm kulinarischen Experimenten äußerst skeptisch gegenüberstand, aber sie wusste auch, dass ihr, bei den genannten Zutaten, das Wasser im Mund zusammenlief. Helene Stamm liebte Innereien jedweder Art.

»Ich möcht das probieren, bevor wir's den Gästen vorsetzen. Kannst gleich morgen anfangen mit deiner Kocherei.« Sie hob den Finger und ermahnte Petra eingehend, niemand dürfe erfahren, dass in Wahrheit sie hinter dem Herd stehe und nicht Helene Stamm. Mit sich und der Welt zufrieden, fuhr Petra an diesem Abend über die Grenze.

Am nächsten Morgen begann Petra sofort mit den Vorbereitungen. Sie nahm die vor Tagen gekaufte Gans aus ihrem Lager. Sanft, wie eine Hebamme bei der Geburt eines Kindes, machte sie sich daran, dem Vogel die letzte Ehre zu erweisen, das war sie ihm schuldig.

Sie rieb das Geflügel mit Zitronensaft ein, kochte die Kartoffeln bissfest, röstete die fein geschnittenen Innereien und vermischte die Zutaten. Über die Erdäpfel-Innereien-Mischung goss Petra mit Ei versprudelte Sahne, würzte intensiv mit Salz, Pfeffer, Muskat und

Petersilie. Das Gericht sollte den Geschmack der Kräuter annehmen. Danach füllte sie die Gans mit der Mischung, goss in eine Bratpfanne zweifingerhoch Wasser, gab die Flügel und den Hals dazu und legte den Körper mit der Brust nach unten hinein. Unter häufigem Begießen wurde das Versuchstier gebraten.

Helene Stamm erschien im Minutentakt in der Küche, beobachtete jeden von Petras Handgriffen und gab bissige Bemerkungen über die Langsamkeit der Österreicher von sich.

»Wird alles werden«, gab Petra dann zurück und dachte an das Jahr, das ihr noch blieb.

Nach einem Drittel der Garzeit drehte Petra den Backofen zurück und deckte das Geflügel mit Folie ab. Es duftete verführerisch. Und nach fast drei Stunden war es dann so weit. Die junge Köchin servierte Helene Stamm die Martinigans mit Kartoffel-Innerei-Füllung. Dazu reichte sie Blaukraut mit Zimt und Orangen.

Helene Stamm nahm Messer und Gabel zur Hand und richtete beides gegen den Vogel. Den Bruchteil einer Sekunde zögerte sie, dann stieß sie die scharfen Enden des Bestecks in das herzhafte Fleisch des Tieres. Langsam, so als sei sie sich der mühevollen Arbeit bewusst, die Petra sich mit diesem Gericht gemacht hatte, schnitt sie ein Stück heraus, legte es auf die Gabel, häufte etwas Fülle darüber und steckte es sich in ihren weit aufgesperrten Mund. Kaute. Hielt inne, kaute wieder, schmatzte. Petra hatte ein Glas Wasser bereitgestellt. Helene Stamm nahm nach jedem Bissen einen Schluck. Neutralisierte ihre Geschmacksnerven, aß weiter. Wieder ein Schluck Wasser, dann den dritten Bissen. Danach konnte sie nicht mehr an sich halten und stopfte riesige Brocken in sich hinein. Beim letzten Drittel der Gans machte sie eine Pause, legte das Besteck beiseite, sah Petra an.

»Gib mir das Rezept, vielleicht kann ich es ja noch verbessern«, gab sie von sich. »Die Idee ist nicht schlecht, auch die Fülle ...« Sie brach den Satz ab, schaute Petra einige Minuten intensiv in die Augen. »Hast noch mehr solcher Rezepte?«

Petra nickte.

Ab sofort konnte Petra jedes erdenkliche Rezept ausprobieren, weil sie Helene Stamm den Triumph zugestand, unwidersprochen damit zu prahlen, seit Tagen hinter verschlossenen Türen neue Gerichte zu erproben. »Bald setz ich's auf die Speisekarte«, erklärte sie den Gästen, wenn sie danach gefragt wurde. Der Applaus der Gäste war ihr sicher.

Das war Petras Startzeichen für weitere kulinarische Experimente. Die Rezepte dazu stammten allesamt von ihrer Großmutter. Nur, dass Petra sie auf spezielle Weise zubereitete.

Kaninchen auf Hofküchenart, ein Alt-Salzburger Rezept, stand als Nächstes auf Petras Plan. Die Zutaten dafür hatte sie schon vor längerer Zeit besorgt, in der Hoffnung, dass sie ihr Vorhaben auch in die Tat umsetzen konnte. Und ihre Argumentation, warum ausgerechnet diese Speisen, erschien logisch.

Das Grenzland bot sich dafür doch an, Gerichte beider Nationen auf der Speisekarte zu führen. So wie ihre Großmutter das früher getan hatte.

Helene Stamm war von der Idee nicht begeistert. »Der *Gasthof Stamm* bleibt fei bayerisch«, betonte sie, ließ

Petra jedoch abseits der normalen Arbeitszeit werken. »Aber auf deine Kosten! Ich zahl des Glump fei nicht.«

Petra war's egal, sie spürte allmählich den alten Kochgeist ihrer Familie zurückkehren.

Und jedes Mal war Helene Stamm Testesserin, und es schmeckte ihr.

Aufgeregt wälzte Petra Abend für Abend die alten Kochbücher ihrer Großmutter auf der Suche nach Speisen, die Helene Stamms Appetit anregen würde und die sie auf gar keinen Fall einfach selbst kochen konnte. Interessiert las Petra über Gansleber mit Trüffeln, junge Entchen mit weißen Rüben, Spanferkelrücken mit Sauerkrautkrapferln und Krenhendl aus dem Salzburger Tennengau.

Eine Woche vor Martini begann Helene Stamm zu kränkeln. Und wenige Tage vor dem großen Ganserl-Essen fühlte sie sich richtig unwohl. Ein grippaler Infekt ging um, hatten sie in den Nachrichten gesagt. Die Wirtin sah elend aus, litt an Durchfall, Mundtrockenheit und Doppelsichtigkeit.

»Sie sollten zum Arzt gehen«, schlug Petra vor.

»Papperlapapp«, widersprach Helene Stamm. »Ich kann hier nicht weg.«

Die Wirtin betrachtete Petra misstrauisch. »Das hättest wohl gern, damit du dich da wichtig machen kannst ... in meim Lokal.« Sie pochte energisch mit ihrem Zeigefinger auf die Theke. »Aber nicht mit mir. Nicht mit mir.« Dann richtete sie den Finger gegen Petra, wie eine Waffe. »Was glaubst, was da los is, wenn ich weg bin?« Sie wartete eine Antwort erst gar nicht ab. »Entweder erklärst du den Gästen, dass in Wahrheit du kochst. Oder noch schlimmer, du ruinierst den Gasthof.« Sie kniff die Augen zusammen und machte eine wegwerfende Handbewegung. »Ich bleibe da und schaug dir auf die Finger. Ist sicher nur a Grippe, wird schon wieder vergehen.«

Petra gab sich geschlagen, schwang sich aber aufs Rad, fuhr die Salzburger Straße bis zur Apotheke hoch, holte Aspirin und schob es wenig später ihrer Chefin über die Theke. Helene Stamm nahm es wie selbstverständlich entgegen. Und Petra verzog sich in die Küche und widmete sich wieder dem Rindfleisch, das schon seit geraumer Zeit in einer duftenden Fleischbrühe kochte. Für Helene Stamm würde sie eine extra Portion zur Seite stellen.

Das Erste, das Petra auffiel, waren zwei Schuhe. Sie lugten hinter der Theke hervor, die Unterseite gerade nach vorne ausgerichtet, so als steckten sie noch an Füßen fest. Vorsichtig trat Petra näher, riss die Augen weit auf und wich erschrocken einen Schritt zurück. Die dicke Wirtin war hinter der Theke zusammengebrochen. Petra wollte sie ungern berühren, deshalb griff sie einfach nach dem Telefon und rief den Rettungsdienst Freilassing an, danach genehmigte sie sich erst einmal einen Schnaps.

Die Rettungskräfte waren zwar schnell zur Stelle, konnten aber nur noch den Tod Helene Stamms feststellen.

Während Petra die Botschaft vernahm, stand sie wie festgewachsen im Raum, bewegte sich keinen Millimeter. Sie konnte nicht aufhören, auf die groteske Masse auf dem Fußboden zu starren. Es war unmöglich, Helene Stamm ohne Ekel anzublicken. Der Tod machte sie nicht schöner. Im Gegenteil. Sie war ungleich hässlicher. Ihre kastanienroten Haare klebten förmlich am Kopf, ihr schlaffer Körper wirkte unter dem beigen T-Shirt wie eine Anhäufung verdorbenes Fleisch. Ihr knielanger Rock war über ihre fetten Oberschenkel nach oben gerutscht, gab den Blick auf eine weiße Unterhose frei, ein stinkender brauner Fleck zwischen ihren Beinen zeugte von der Trägheit ihres Darmes zum Zeitpunkt des Todes.

Freiheit, war das Erste, was Petra in den Sinn kam.

Der Weg ist das Ziel, das Zweite.

Sie konnte nicht sagen, wie viel Zeit vergangen war, als ein Polizist ihren Arm berührte. »Sie müssen nicht hier bleiben. Wenn Sie etwas zu tun haben, können Sie ruhig Ihrer Arbeit nachgehen. Der Bestattungsunternehmer wird gleich hier sein.«

Petra wartete einen Moment, fragte sich, was jetzt ihre Arbeit sei, was sie als Nächstes zu tun hatte. »Ich bin in der Küche«, sagte sie schließlich mit rauer Stimme, nahm mit einem befreienden Seufzer die beiden Einkaufskörbe mit dem Gemüse von der Bar und schob sich durch die Schwingtür in ihr Reich.

»Sie hat sich einfach übernommen«, sagten später die Einheimischen. »Sie war einfach zu fett«, sagten die Stammgäste. Aber keines von all dem stimmte. Es war auch kein geheimnisvoller Trunk, keine unheilbare Krankheit, keine Todesromantik. Die Lösung hieß ganz einfach Botulismus. Fleischvergiftung. »Die Vergiftung tritt erst Tage nach dem Genuss des von Fäulnisbakterien vergifteten Lebensmittels auf und kann fast nie mit Sicherheit auf eine ganz bestimmte Speise geschoben werden, da der Abstand zwischen Ursache und Wirkung zu groß ist«, wurde Petra erklärt.

Die Anzeichen dagegen waren umso auffälliger: Sehstörungen, doppelt sehen, Schluckbeschwerden, Mundtrockenheit, Durchfall und später Verstopfungen.

Ob sie denn wisse, was ihre Chefin in den letzten Tagen gegessen habe.

»Sie hat verschiedene Rezepte ausprobiert«, behauptete Petra. Was genau, konnte Petra nicht beantworten. »Da durfte ich ihr nicht über die Schulter schauen.«

Das konnten die Stammgäste bestätigen. Immerhin hatte Helene Stamm oft genug betont, dass sie hinter verschlossenen Türen kochte.

Ob sie die Lebensmittel aus dem Kühlfach genommen habe?

Auch diese Frage konnte Petra nicht mit Sicherheit beantworten, weil Helene Stamm doch immer allein sein wollte, wenn sie Neues ausprobierte. Aber da nie etwas fehlte in der Kühlkammer, glaubte Petra behaupten zu können, dass sie die Lebensmittel für die Speisen woanders lagerte. Aber wo? Das vermochte Petra nicht zu sagen. Sie sah den Polizisten verzweifelt an und sprach in Gedanken ein kurzes Gebet für all die toten Tiere, die für die Umsetzung ihres Vorhabens tagelang dem Küchendunst ausgesetzt gewesen waren. Sie alle hatten niemals die Kühlkammer von innen gesehen.

Ein Sakrileg.

Aber es hatte sein müssen.

Als man Petra erklärte, dass *Stamms Gasthof* geschlossen werden musste, seufzte sie laut. Das war der Preis, den sie für das Gelingen ihres Plans einkalkuliert hatte. Ein paar Wochen würde es schon dauern, bis alles geklärt sei, und da die Wirtin nicht mehr lebe, müsse die Hinterlassenschaft über einen Anwalt geregelt werden. Zeit, die sie für die Realisierung ihres Traums nutzen wollte. Der Gasthof würde nun billig hergehen, war sich Petra sicher, jedoch zeitgerecht zum 80. Geburtstag ihrer Großmutter ihr gehören. Jeden Cent hatte sie dafür gespart. Auf ein Auto verzichtet, auf eine eigene Wohnung, Urlaube und teure Freizeitvergnügen. Die Stammgäste würde sie von Neuem mit ihrer Kochkunst ins Gasthaus locken. Und dann würde *Das alte Grenzhaus* endlich wieder im altehrwürdigen bayerisch-österreichischen Glanz erstrahlen.

Bayerische Ente mit Orangen-Zimt-Blaukraut

Zubereitung

Die Ente waschen und abtrocknen, Flügel und Hals abschneiden und die Ente von innen und
außen kräftig mit Salz und Pfeffer
würzen.

Zwiebeln pellen und die Schale
der Orange entfernen, dann
alles in kleine Stücke schneiden,
ebenso den Apfel. Mit Knoblauch
und Majoran würzen, die Ente
damit füllen und dann zubinden.
Flügel und Hals klein hacken und
in einen Bräter geben, die Ente
daraufsetzen, das Wasser dazugießen und 2–2 1/2 Stunden bei
ca. 180 °C im Ofen braten lassen,
dabei immer wieder mit dem aus-
tretenden Fett übergießen. Sobald
die Ente gar ist (es muss beim
Anstechen klarer Saft austreten),
aus dem Bräter nehmen und
warm stellen. Von dem verbliebenen Saft das Fett absondern,
die Geflügelbrühe dazugießen
und die Entenfüllung ebenfalls

Zutaten

(für 4 Personen)
1 frische Ente
(2 1/2–3 kg)
Salz, Pfeffer aus der
Mühle
2 Zwiebeln
1/2 Orange
1 Apfel
Knoblauch
Majoran
250 ml Wasser
250 ml Geflügelbrühe

dazugeben, alles 20–30 Minuten einkochen lassen. Danach durchsieben und die Soße in eine Sauciere geben.

Zur Ente passen am besten Knödel und das Orangen-Zimt-Blaukraut.

Orangen-Zimt-Blaukraut

Zubereitung

Das Blaukraut von welken, unschönen Blättern säubern und mit einem Hobel oder einem Messer in feine Streifen schneiden. Das Kraut mit Salz, Zucker, Pfeffer, Essig, Orangensaft, Preiselbeerkompott, Rotwein, Zimt, Orangenschale, Apfelmus, Lorbeerblatt und den Nelken gründlich vermischen und mindestens einen Tag abgedeckt stehen lassen (marinieren).

Die Zwiebel in feine Streifen schneiden, im Fett glasig dünsten. Das marinierte Kraut dazugeben und mit Brühe ablöschen. Alles ca. eine Stunde schmoren lassen. Eventuell nochmals mit Salz, Pfeffer und Zimt abschmecken.

Zutaten

(für 4 Personen)
1 1/4 kg Blaukraut (Rotkohl)
Salz, Zucker, Pfeffer, Essig
250 ml frischer Orangensaft
40 g Preiselbeerkompott
125 ml Rotwein (trocken)
Zimt
abgeriebene Schale von einer 1/2 Bio-Orange
100 g Apfelmus
1 Lorbeerblatt
2 Nelken
1 große Zwiebel
80 g Gänse-, Enten- oder Schweinefett
1/4 l Brühe

Nachspeisen

Frank Schmitter
Das Doktorhaus

Ja, es war tatsächlich diese Tafel, die damals, vor über zwanzig Jahren, den Ausschlag gegeben hatte. Sylvia sah sie von ihrem Beifahrersitz aus, wir hielten an, stiegen aus, hielten uns, immer noch sehr verliebt, an den Händen, und lasen, dass jenes frisch renovierte Haus mit dem imposanten, blühenden Vorgarten einst das »Doktorhaus« von Ismaning gewesen sei, also jenes Haus, das die Gemeinde ihrem Arzt zur Verfügung stellte, damit er im Gegenzug die ortsansässigen Armen kostenlos behandelte.

Diese Geste rührte uns spontan. Eine Gemeinde, die ihre Armen nicht vergisst! Nun wird Ismaning im nördlichen Landkreis von München gewiss nicht der einzige Ort mit einem Doktorhaus sein, aber es war ein wunderschöner Sonntag, und in jenem Moment läuteten die Glocken vom nur wenige Schritt entfernten Kirchplatz. Wir sahen, besser: hörten es als ein gutes Omen, setzten uns gegenüber der Kirche in den herrlichen Biergarten am Seebach unter blühenden Kastanien und beschlossen, dort und nur dort unsere Zelte aufzuschlagen.

Wir hatten lange Jahre keinen Grund, es zu bereuen. Ismaning war und ist kein Postkartendorf, keine filmreife Kulisse am Fuß der Alpen, aber eine Gemeinde, die geschickt ihre ideale Lage zwischen Flughafen und Innenstadt auszunutzen versteht, sich mit Klugheit und Weitsicht dem Neuen öffnet, ohne die Tradition zu verraten. Kurzum, ein Wohnort mit einer gewissen gutbürgerlichen Behaglichkeit, die Sylvia und mir sehr entgegenkam. Wir wollten die Welt nicht neu erfinden, wir wollten uns in ihr wohlfühlen. Beide bekamen wir gutbezahlte Jobs in der unmittelbaren Umgebung – sie als Sekretärin, ich als Mitarbeiter bei einer Medienfirma. Da sich, zu unserem großen Bedauern, kein Nachwuchs einstellte, setzte unser doppelt genährtes Bankkonto so viel Speck an, dass unser Bankberater uns dringend anriet, Eigentum zu erwerben.

Sylvia und ich grübelten lange, schließlich bedeutete ein Immobilienerwerb ohne nennenswertes Grundkapital eine jahrzehntelange Eisenkugel am Bein. Da sahen wir auf einem Abendspaziergang, dass ausgerechnet das Doktorhaus zum Kauf angeboten wurde. Dr. Schneidberger junior wollte seine hypermoderne Praxis in die Hauptstraße verlegen. Er war ein jovialer, zur Rundlichkeit neigender Zeitgenosse und zeigte sich entgegenkommend in seinen finanziellen Erwartungen. Wir fanden uns gegenseitig sehr sympathisch, und schon wenige Wochen später feierten wir den Kauf gemeinsam mit unserem Bankberater bei strahlendem Wetter in dem wunderschönen Biergarten unter alten Kastanien am Seebach.

Walter Schneidberger wurde auch unser Hausarzt, den wir allerdings selten aufsuchen mussten, denn Sylvia und ich erfreuten uns einer stabilen Gesundheit. Leider nicht so ihre Mutter, die in ihrer Heimat, dem Ruhrgebiet, einen leichten Schlaganfall erlitten hatte und uns mehr oder weniger direkt zu verstehen gab, dass sie nun nicht mehr alleine leben könne und sich die Nähe ihrer Tochter wünsche.

»In Wahrheit mögt ihr euch doch gar nicht. Oder täusche ich mich?« Ihre Mutter war eine früh verwitwete, rechthaberische und zur Bitterkeit neigende Frau, die wir nur ein, zwei Mal im Jahr zu uns eingeladen hatten. Sie war gekommen, hatte Unfrieden gestiftet, und nach maximal einer Woche hatte ich sie wieder mit zusammengebissenen Zähnen zum Bahnhof gefahren.

»Ich bin ihr einziges Kind«, sagte Sylvia.

»Ihretwegen sind wir aus dem Ruhrgebiet nach Bayern geflüchtet«, argumentierte ich.

»Ich kann über den ganzen Erdball flüchten, aber ich bleibe ihre einzige Tochter«, argumentierte Sylvia. Sie schaute mich aus ihren großen, tiefblauen Augen an und breitete die Arme aus. Sie zeigte auf die Bücherwand mit zahlreichen Erstausgaben deutscher Klassiker (ihr Hobby), auf das Aquarium mit den exotischen Fischen (mein Hobby), auf den großen Garten (unser Hobby), auf die Garage mit den beiden Autos. Ja, es ging uns gut. Sehr gut sogar. Aber das meinte die Geste nicht. Sie meinte: Wir können uns diese kostspieligen Extras leisten, weil meine Mutter uns zu Weihnachten und zu unseren Geburtstagen üppige Schecks ausstellt. Wir stehen nicht nur moralisch in ihrer Schuld.

So räumte ich mein Arbeitszimmer im Erdgeschoss, da meiner Schwiegermutter keine Treppen mehr zuzumuten waren, und ließ den Speicher ausbauen. Und Hildegard Bissheim löste ihre Wohnung im Ruhrgebiet auf und zog bei uns ein.

Dr. Schneidberger übernahm ihre Betreuung. Er schaute nach seinen Praxisstunden häufiger vorbei und blieb gerne zum Abendessen. Der Mediziner war sichtbar ein

Freund der guten Küche, besonders der Nachspeisen, und Sylvia richtete es so ein, dass sie bei seinen Besuchen ein ganz besonderes Dessert vorbereitet hatte wie Palatschinken, Mousse au Chocolat oder eine Bayerisch-Creme-Torte, garniert mit frischen Früchten. Sie war die absolute Lieblingsspeise von Dr. Schneidberger, oder, um es mit seinen Worten auszudrücken: »Liebe Sylvia, Ihre Bayerisch-Creme-Torte wird mich eines Tages noch in eine Entzugsklinik treiben.«

Sogar das zänkische Wesen meiner Schwiegermutter schien sich mit dem Einzug besänftigt zu haben.

»Geht es uns nicht wirklich gut?«, fragte Sylvia eines Abends im Bett, nachdem sie das Buch auf den Nachttisch gelegt, das Licht gelöscht und sich an mich gekuschelt hatte. Sie las jeden Abend genau zehn Seiten in einem ihrer geliebten historischen Romane, weil sie danach wunderbar einschlafen konnte.

»Ich bin selbst ganz erstaunt«, brummte ich etwas widerwillig, »aber es gibt sogar Tage, an denen deine Mutter nichts an mir auszusetzen hat. Die Krawatte passt zum Anzug, ich mache nicht zu viele Überstunden, habe den richtigen Wein aus dem Keller geholt und beweise in den Plaudereien mit Dr. Schneidberger sogar ein gewisses Maß an Bildung und Intelligenz.«

Sylvia kuschelte sich noch enger an mich.

»Vielleicht haben wir sie aus der Distanz einfach viel zu kritisch beurteilt. Offenbar fehlte ihr nur die Nähe zu uns. So kann es jedenfalls in meinen Augen noch ein paar Jahre weitergehen«, sagte Sylvia und küsste mich. Dann hörte ich schon ihren ruhigen, tiefen Atem.

Leider ging es nicht so weiter. Meine Schwiegermutter erlitt einen weiteren, diesmal schweren Schlaganfall, der sie an den Rand des Todes führte. Als sie nach einem längeren Krankenhausaufenthalt zu uns zurückkehrte, hing ihr Gebiss halb aus dem Mund, sie konnte ihre rechte Körperhälfte kaum bewegen – die einst stattliche, hochgewachsene Frau schien auf die Hälfte geschrumpft. Sylvia war so alarmiert, dass sie fortan nur noch halbtags arbeitete, um sich mehr um ihre Mutter kümmern zu können. Sie kaufte ein neues Spezialbett, spezielles Geschirr und spezielle Kleidung, sie organisierte eine Logopädin, eine Physiotherapeutin, eine Psychologin und trat in eine Selbsthilfegruppe ein. Die Kosten wurden von den Ersparnissen meiner Schwiegermutter noch gedeckt; der Verlust von Sylvias halbem Gehalt zwang uns aber, auf die ein oder andere Zusatzausgabe zu verzichten.

Dr. Schneidberger zeigte sich von seiner menschlich besten Seite. Zwei- oder dreimal kam er abends vorbei, aß mit uns, trank eine halbe Flasche Rotwein, verspeiste die Hälfte einer Bayerisch-Creme-Torte und sah nach meiner Schwiegermutter. Allein, er konnte wenig ausrichten. Sie blieb bei fast allen alltäglichen Bewegungen auf Hilfe angewiesen, ihre Sprachfähigkeit entwickelte sich kaum. Nur Sylvia konnte mit viel Geduld aus den unartikulierten Lauten eine Aussage lesen. Meiner Schwiegermutter fehlten die Kraft und wohl auch der Wille. Sie haderte schwer mit ihrem Schicksal, kämpfte aber nicht dagegen an.

»Wie lange noch?«, fragte ich Dr. Schneidberger, als er die Tür zu ihrem Zimmer hinter sich geschlossen hatte.

Er seufzte und hob seine schweren Schultern.

»Ein paar Wochen. Oder Monate. Oder ein Jahr. Oder noch einige Jahre.«

So genau wollte ich es gar nicht wissen, dachte ich.

Trotz seiner rührenden Fürsorglichkeit kamen Sylvia und ich nicht umhin, gewisse Änderungen bei unserem Hausarzt festzustellen. Er wirkte zerstreuter und zugleich bedrückter, kleidete sich nachlässiger bis zur Grenze der Ungepflegtheit. Das dünne, leicht fettige Kopfhaar fiel ihm über den Kragen. Der Walrossbart wuchs über die Unterlippe. Als er eines Abends eine ganze Flasche Rotwein getrunken und eine komplette Bayerisch-Creme-Torte verschlungen hatte, rollten plötzlich Tränen über seine runden Backen.

»Meine Frau«, sagte er unvermittelt, ohne uns anzuschauen. »Weg!«

Dann sank sein Kopf auf den Tisch, und Dr. Schneidberger fiel in einen tiefen Schlaf.

Tatsächlich hatte seine Frau ihn mit den gemeinsamen Kindern wegen eines jüngeren, sportlichen Kollegen verlassen. Walter (er hatte uns geradezu angefleht, mit ihm Bruderschaft zu trinken) vernachlässigte fortan seine Praxis, entließ zwei der drei Arzthelferinnen und kümmerte sich nur noch um seine altvertrauten Patienten. So kam er an jedem zweiten Abend vorbei, aß doppelt, trank doppelt und halbierte die Zeit bei meiner Schwiegermutter. Was hätte er auch tun können? Einmal, als er die Tür zu ihrem Zimmer nicht geschlossen hatte, sah ich, wie er nicht am Bett meiner Schwiegermutter saß, sondern am Fenster stand und minutenlang nach draußen starrte. Als er wieder zu uns ins Wohnzimmer kam und ich eine zweite Flasche Rotwein öffnete, sagte er nur: »Ein paar Wochen. Oder Monate. Oder ein Jahr. Oder noch einige Jahre.«

Später, im Bett, sagte ich zu Sylvia: »Nun haben wir also zwei Pflegefälle.«

»Walter hat niemanden außer uns, deine Mutter hat niemanden außer uns. Was können wir machen?«

»Wenigstens kostet uns Walter kein Geld, vom Wein und den Zutaten für die Torte einmal abgesehen. Apropos Geld. Wie steht es um das Konto deiner Mutter?«

Sie seufzte. »Schlecht. Irgendwann werde ich die Wohnung im Ruhrgebiet verkaufen müssen, die sie uns eigentlich vererben wollte.«

Sylvia legte das Lesezeichen in das Buch und löschte das Licht. Aber sie konnte nicht einschlafen. Sie las weitere zehn Seiten, löschte das Licht und ging dann unruhig im Zimmer auf und ab. Sogar im Halbdunkel konnte ich erkennen, wie sehr sie die Pflege ihrer Mutter aufrieb. Sie magerte ab, ihr Mund zuckte manchmal unkontrolliert. Ihre Mutter war zu einer Tyrannin geworden. Sie tat so, als würde ihr jeder noch so simple Handgriff Schmerzen zufügen. Beim Halmaspiel warf sie absichtlich die Figuren vom Feld, das Essen war zu kalt, zu heiß, zu stark oder zu schwach gewürzt. Mich ließ sie erst gar nicht an sich heran, hielt mich mit ihrem bohrenden Blick auf Distanz. Einerseits war mir das nicht unrecht, andererseits erhöhte es den Druck auf Sylvia. Sie war nur noch ein einziges Nervenbündel. Lange konnte sie es nicht mehr durchstehen.

Dann schlug das Schicksal erneut zu. Diesmal traf es mich. Meine Firma wurde von der Krise in der

Medienbranche voll erwischt und musste Insolvenz anmelden, nachdem die letzten Gehälter erst verspätet und dann gar nicht mehr ausbezahlt worden waren.

»Das ist bitter für Sie«, sagte mein zuständiger Betreuer im Arbeitsamt. »Wie alt sind Sie jetzt?«

»48. Warum?«

»Hm«, sagte er und rollte den Kugelschreiber zwischen seinen Händen. »Die Medienbranche ist ewig jung, hektisch, innovativ, in ständigen Umbrüchen begriffen.«

»Bin ich etwa alt?«

Er sah zuerst mich an, dann schaute er gedankenverloren aus dem Fenster. »Objektiv natürlich nicht. Aber die Medien, wissen Sie ... der Jugendwahn überall und gerade dort, trotz Ihrer Qualifikationen und Ihrer Erfahrung ...«

Er schien Schwierigkeiten zu haben, den Satz zu beenden. Dann stand er ruckartig auf und reichte mir die Hand. »Das Wichtigste ist, niemals und unter keinen Umständen die Hoffnung aufzugeben.«

Wenn das keinen Mut macht! Tatsächlich schrieb ich unzählige Bewerbungen, nutzte das Angebot zu Bewerbungsseminaren und Fortbildungen des Arbeitsamtes, zahlte sogar viel Geld aus meiner eigenen Brieftasche für einen freien Karriereberater, der mir auf Honorarbasis das sagte, was ich sowieso schon wusste.

Allein, es half nicht. Keine neue Stelle, nicht einmal ein Vorstellungsgespräch. Nach über einem Jahr teilte mir das Arbeitsamt mit, dass mein Arbeitslosengeld in wenigen Monaten auslaufen würde und ich dann zur Neuberechnung meiner Bezüge auf Grundlage von Hartz IV zu rechnen hätte.

Dann erhielt ich einen Brief meines Bankberaters, in dem er mich zu einem Gespräch bat.

»Grüß dich, Xaver«, sagte ich und streckte die Hand zur Begrüßung aus.

Er hüstelte und meinte verlegen, dass er es vorziehen würde, in der Bank zum formalen »Sie« zurückzukehren. Er bat mich in sein Büro. Dann führte er mir vor Augen, dass ich in näherer Zukunft vermutlich Probleme haben würde, die monatlichen Hypotheken zu zahlen.

»Du meinst den Zeitpunkt, zu dem mein Arbeitslosengeld ausläuft?«

Er hüstelte wieder und schaute nervös nach links und rechts.

»Wenn wir uns, lieber Herr Burscheid, bitte in diesen Räumen auf eine förmliche Anrede einigen könnten ...«

»Aber sehr gerne«, antwortete ich, dabei immer lauter werdend, »ich bin jederzeit bereit, mit meinem Bankberater, mit dem ich im Biergarten auf die Fertigstellung meines Hauses angestoßen habe und der sich als mein Freund bezeichnet hat, wieder auf Distanz zu treten. Fällt es Ihnen, respektive Ihrer Bank, dann leichter, mich aus dem Haus rauszuschmeißen und es anschließend gewinnbringend zu verkaufen? Haben vielleicht sogar Sie persönlich oder einer Ihrer Mitarbeiter Interesse an diesem Objekt? Immerhin ein Haus mit großer Tradition, nicht wahr?«

»Bitte, lieber Christian«, sagte mein Berater und hob beschwichtigend die Arme, »schreie doch nicht herum.«

»Ich schreie, wenn es mir passt«, brüllte ich und stand auf. »Außerdem sind wir doch per Sie, oder täusche ich mich?«

Mit diesen Worten verließ ich die Bank und schwor mir, nie mehr dorthin zurückzukehren.

In den folgenden Tagen lief ich planlos durch Ismaning, das Sylvia und mir längst zur Heimat geworden war. Die Vorstellung, diesen Ort und unser geliebtes Doktorhaus aufzugeben, war unerträglich.

Gleichzeitig musste ich mir Klarheit über unsere Lage verschaffen. Ich setzte mich in den Biergarten am Seebach. Wie seltsam, dachte ich, als ich mir ein zweites Weißbier und eine Brezn holte, da sitzt man jeden Tag an seinem Schreibtisch, schreibt sinnlose Bewerbungen, bezahlt Rechnungen für das Auto der Frau (meines hatte ich bereits verkauft), die Versicherungen, das Haus, die Medikamente, den Rotwein für uns und unseren depressiven Hausfreund Walter – und sieht doch den Wald vor lauter Bäumen nicht. Unsere Situation war aussichtslos, zum Verzweifeln aussichtslos. Ich würde keine Arbeit mehr finden, Sylvias halbe Stelle reichte gerade für das Lebensnotwendige, und die Hypotheken liefen noch über zehn Jahre. Aus, vorbei. Kein Haus mehr mit blühendem Garten, sondern eine graue Sozialwohnung, irgendwo in einem tristen Stadtteil von München womöglich.

Gab es überhaupt eine Rettung? Sylvia konnte nicht wieder ganztags arbeiten. Dazu reichten die Kräfte nicht mehr, und außerdem: Da meine Schwiegermutter mich nicht akzeptierte, würde der zusätzliche Verdienst für eine professionelle Hilfe wieder draufgehen.

Nur Hildegard hatte noch beträchtliche Rücklagen für den Fall, dass sie in ein Heim kommen würde. An ihnen hielt sie eisern fest. Das war ihr Geld, keine Frage, aber war es nicht dennoch zutiefst ungerecht? Sylvia rieb sich auf, sie konnte nachts kaum noch schlafen. Wurde dieses Opfer überhaupt von ihrer eigenen Mutter honoriert? Nein. Hildegard Bissheim ließ sich pflegen, umsorgen, in den Park schieben, aus Büchern vorlesen, warf wie ein trotziges Kind die Halma-Figuren auf den Boden, wenn sie zu verlieren drohte. Gewiss, manchmal steckte sie ihrer Tochter 100 Euro zu oder gab ihr Geld für eine neue Bluse, aber das waren nur Almosen, die uns die eigene finanzielle Abhängigkeit noch drastischer vor Augen führten.

Ich holte mir ein weiteres Bier. Ich konnte es drehen und wenden, wie ich wollte: Meine Schwiegermutter war unser Fluch und zugleich unsere einzige Rettung.

Die Sonne verschwand schon hinter den Bäumen, die Luft wurde merklich kühler, ich hatte noch zwei weitere Maß getrunken, da war aus einem aberwitzigen und grenzenlos illegalen Einfall ein konkreter Plan geworden. Ein mörderischer Plan, zugegeben, aber ein Plan, den ich von allen Seiten und aus jeder Richtung betrachtet und begutachtet hatte. Ohne eine Schwäche, ein Fußangel, ein nicht bedachtes Detail zu finden. Und das Beste dabei war: Sylvia musste nicht meine Komplizin sein, sie würde es nicht einmal erfahren. Ihr Gewissen würde rein bleiben.

Mein Plan war einfach, wie alles Geniale im Grunde einfach ist. Ich musste keine großartigen Vorkehrungen treffen, ich musste mir keine Waffe besorgen und kein Alibi. Ich musste nicht üben. Ich musste niemanden zum Komplizen machen. Es musste nur eine bestimmte Konstellation eintreffen.

Und sie ergab sich schon wenige Tage später.

»Liebling«, sagte Sylvia, während sie am späten Nachmittag in der Küche das Essen zubereitete, »meine Mutter hat mir eine Karte für die Oper geschenkt. Eine großartige Besetzung, zudem eine Premiere.«

»Nur *eine* Karte?« Ich versuchte, eine Enttäuschung anklingen zu lassen, die ich natürlich nicht empfand.

»Sie weiß eben, dass dir keine Opern gefallen. Wahrscheinlich kommt Walter später noch vorbei. Ich stelle euch eine Brotzeit in den Kühlschrank und für ihn eine Bayerisch-Creme-Torte. Mutter ist komplett versorgt. Sie wird euch nicht stören. Du darfst Walter nur nicht so viel Wein geben, dass er wieder im Wohnzimmer einschläft. Versprochen?«

Ich küsste meine Frau und wünschte ihr einen wunderschönen Opernabend.

Walter erschien eine halbe Stunde, nachdem Sylvia das Haus verlassen hatte. Er wuchtete seinen massigen Körper in unsere gemütliche Wohnküche. Mit einem gewissen Widerwillen sah ich, dass ihm der Pullover und das Unterhemd über den Bauchnabel gerutscht waren. Er nahm schneller zu, als er seine Garderobe aktualisieren konnte.

Die Brotzeit interessierte ihn wenig, die Bayerisch-Creme-Torte umso mehr. Er schmatzte in Erwartung der Köstlichkeit; dann schaufelte er die weiße Pracht, garniert mit frischen Erdbeeren, in sich hinein. Sein Atem ging schwerer. Ich sorgte dafür, dass sein Rotweinglas stets gut gefüllt war.

»Diese Konsistenz«, sagte er wie zu sich selbst, »diese beinahe elfenhafte Leichtigkeit bei einer Süßspeise, die aufgrund ihrer Zutaten eigentlich zu den Schwerge-wichten zählt. Nur Sylvia bekommt das so gut hin. Diese Creme schwebt geradezu. Sie ist ein Bote des Paradieses für uns gequälte Geschöpfe im Jammertal des Lebens.«

Iss nur, dachte ich, iss und trink, bis du müde wirst.

Als hätte er meine Bitte vernommen, aß und trank Dr. Walter Schneidberger an diesem Abend besonders viel. Ich musste ihn anschließend stützen, damit er, vor Anstrengung keuchend, im Wohnzimmer Platz neh-men konnte. Als er – es war noch nicht einmal 21 Uhr – die Augen kaum noch aufhalten konnte, hielt ich den Moment für gekommen.

Ich betrat leise das Zimmer meiner Schwiegermutter. Wie erwartet schlief sie fest.

Ich bin nicht stolz auf das, was ich in den nächsten Minu-ten tat. Es ist nicht nötig, es ausführlich zu beschreiben, denn es ist alles andere als eine Heldentat, eine über 80jährige, halbseitig nahezu bewegungsunfähige Frau mit ihrem Kopfkissen zu ersticken.

Aber ein wenig tröstete mich, dass sie sich kaum gewehrt hatte, ja, dass ich mir einreden konnte, sie sei nicht einmal aufgewacht, sie sei sanft, beinahe schmerz-los von uns gegangen.

Auf Zehenspitzen kehrte ich ins Wohnzimmer zurück. Wie erwartet, war Walter auf der Couch einge-schlafen, den Kopf im Nacken, den Mund halb geöffnet. Eine Viertelstunde wartete ich noch, dann weckte ich ihn.

Er rappelte sich hoch, schaute mich an, schaute zu dem Platz, wo Sylvia normalerweise saß. Dann schloss er die Augen, als versuche er sich zu erinnern, wo er über-haupt war.

»Ja, mein Lieber«, sagte er schließlich mit schwerer Zunge und richtete sich mühsam auf, »dann gehe ich mal so langsam zurück in meine kalte Wohnung. Ach, Christian. Ich weiß, ihr habt es nicht gerade einfach in dieser Zeit, aber glaube mir, nichts ist so schlimm wie das Alleinsein, wenn man nicht allein sein will. Deine Sylvia ...« Er legte die Hand auf meinen Unterarm, und seine Augen wurden unversehens gläsern. »Sie ist wunderbar, und das sage ich nicht nur wegen ihrer himmlischen Torte.«

»Ich werde sie von dir grüßen, lieber Walter, wenn sie aus der Oper kommt«, sagte ich und stand auf. »Tust du mir noch einen Gefallen und schaust zu meiner Schwiegermutter rein, bevor du gehst?«

Er nickte und ging langsam, mit bleischweren Schritten in Richtung ihres Zimmers. Ich wartete in der Diele.

Er wird zu ihrem Bett gehen, stellte ich mir vor, er wird Sylvias Mutter anschauen, vielleicht ansprechen, er wird ihren Puls fühlen, feststellen, dass sie keinen mehr hat, wird ihren Herzschlag abhören wollen, danach, bereits im Bewusstsein ihres Todes, ihre Hauttemperatur fühlen, dann wird er mit schweren Schritten zu mir kommen, mich umarmen und mir eine vermeintlich schwere Nachricht überbringen. Ich werde bestürzt sein, einige Tränen hervorpressen, den Kopf schütteln, werde ihm danken für alles, was er für meine Schwiegermutter getan hat, dann wird Dr. med. Walter Schneidberger junior nach einem Leichenwagen telefonieren und in der Wartezeit einen Totenschein ausfüllen mit der klassischen, wunderschönen Todesart »Herzversagen« und ...

Ein heftiges Geräusch riss mich aus meinen Gedanken. Es klang, als wäre ein Schrank oder ein Elefant umgefallen. Ich stürzte ins Zimmer – und sah auf den ersten Blick, dass Walter gar nicht bis zum Bett gekommen war. Gerade mal zwei Schritte hinter der Tür lag er auf dem Teppich, in einer vollkommen unnatürlichen Haltung, die jedem Laien blitzartig zu verstehen gab, dass es in diesem Zimmer nicht einen, sondern zwei tote Menschen gab.

Im ersten Augenblick fühlte ich nichts als Wut. Konnte dieser Rotwein- und Bayerisch-Creme-Torten-Süchtige, depressive Mediziner nicht noch einen Tag warten? Konnte er uns, seinen einzigen ihm verbliebenen Freunden, nicht diesen einen Gefallen noch tun?

Ich ließ mich in einen Stuhl fallen. Die Gedanken rasten durch meinen Kopf. Ich überlegte hin und her und kam doch zu dem unvermeidlichen Ergebnis, dass ich den Notarzt anrufen müsse. Ich wählte die Notrufnummer, schilderte in wenigen Worten das Geschehen – wobei ich meine Schwiegermutter komplett aus dem Spiel ließ.

Erst nach dem Anruf wurde ich mir des Risikos bewusst, Dr. Schneidberger in diesem Zimmer zu belassen. Der Notarzt würde Hildegard zweifelsohne bemerken, er würde Fragen stellen, sie vielleicht selbst untersuchen ... War es nicht viel besser, ich oder meine Frau würden später »zufällig« ihren Tod bemerken?

Ich versuchte, den toten Dr. Schneidberger in den Flur zu ziehen, fasste ihn an den Handgelenken, etwas riss, ich rutschte ab, fasste erneut zu – Herrgott, er war tatsächlich schwer wie ein Elefant. Als er endlich mitten auf der Türschwelle lag, hörte ich, wie ein Schlüssel ins Haustürschloss gesteckt wurde.

»Liebling? Stell dir vor, die Premiere musste abgebrochen werden, weil der Heldentenor in den

Orchestergraben gestürzt ist. Ich hoffe, ihr beiden habt keinen Unsinn angestellt.«

Sylvia machte das Licht in der Diele an, hängte ihren Mantel an die Garderobe und kam auf mich zu. Sie sah wunderbar aus in dem dunkelblauen Kostüm und der doppelreihigen Perlenkette, die ich ihr zum 40. Geburtstag geschenkt hatte.

Erst jetzt sah sie Walters Oberkörper auf dem Boden liegen. Sie riss die Augen auf und stammelte: »Oh mein Gott. Oh mein Gott.«

Im selben Moment hörte ich das Blaulicht, und wenige Augenblicke später standen der Notarzt und die Rettungsassistenten in der Tür. Sylvia musste vergessen haben, sie zu schließen.

Er war ganz anders als unser Walter, sozusagen ein kompletter Gegenentwurf: jung, forsch, dynamisch. Ich war unfähig, irgendetwas zu sagen. Der Notarzt kam auf mich zu, drängte mich zur Seite und begann mit seinen Untersuchungen. Er fühlte den Puls, leuchtete mit einer Lampe in die toten Augen Dr. Schneidbergers, drehte ihn auf den Rücken, und sie versuchten vergebens, den Leichnam zu reanimieren.

»Ich werde ihn in die Klinik bringen lassen, aber offen gestanden ...« Er führte den Satz nicht zu Ende. Stattdessen schaute er mir direkt in die Augen. »Sagen Sie mir doch bitte: Wieso ist sein Pullover völlig verrutscht und ein Ärmel sogar eingerissen? Was ist hier passiert? Was haben Sie nur gemacht? Das interessiert mich wirklich drängend.«

Ich wusste nicht, was ich antworten sollte. Sylvia, die ihren Kopf an meine Schulter gelehnt hatte, löste sich von mir und ging zu ihrer Mutter, als sei ihr erst in diesem Augenblick eingefallen, dass sie bei diesem Lärm unmöglich würde schlafen können. Ich wusste nicht, was ich dem Arzt antworten sollte, zuckte nur hilflos mit den Schultern. Aus den Augenwinkeln sah ich, wie Sylvia sich über ihre Mutter beugte, sie zunächst sanft über die Wangen streichelte, dann kräftiger an den Schultern berührte, dann voller Panik ihren Namen rief.

Der Notarzt kümmerte sich sofort um die zweite Leiche im Doktorhaus, gründlich, wie ich bekennen muss, viel gründlicher, als Dr. Schneidberger es getan hätte.

»Wer immer Sie auch sind«, sagte er danach mit eiskalter Stimme, sein Gesicht nur wenige Zentimeter von meinem entfernt, »ich sage Ihnen auf den Kopf zu, dass hier so einiges nicht stimmt. Ein toter Mann mit einem zerrissenen Pullover, eine alte Frau mit stecknadelkopfgroßen Blutungen an den Augenlidern und im Rachenraum, als wäre sie erstickt worden. Haben Sie dafür eine Erklärung?«

Ich senkte den Blick. Sylvia sank neben ihrer toten Mutter bewusstlos zu Boden.

Seit drei Wochen bin ich nun in Untersuchungshaft. Die gerichtlich angeordnete Obduktion hatte weitere, unbestreitbare Indizien für einen gewaltsamen Erstickungstod ans Tageslicht gebracht. Sylvia hat die Scheidung eingereicht. Da sie die Alleinerbin ist und verständlicherweise wenig Interesse hat, den Mörder ihrer Mutter finanziell zu unterstützen, muss ich mich mit einem amtlich bestellten Pflichtverteidiger begnügen. Er ist nicht gerade der Hellste, scheint mir, aber spielt das überhaupt noch eine Rolle? Ich werde viele Jahre im Gefängnis zubringen und nie mehr in Ismaning im Doktorhaus wohnen.

Aber Untersuchungshaft ist besser als das Zuchthaus, das auf mich wartet. Das Essen ist akzeptabel, nur sonntags verzichte ich auf den Nachtisch: Da servieren sie eine Bayerisch-Creme-Torte.

Bayerisch-Creme-Torte

Zubereitung

Den Backofen auf 180 °C (Umluft 160 °C) vorheizen. Pistazien fein hacken oder mahlen. Eier trennen. Zuerst Eiweiß mit einer Prise Salz steif schlagen, dann Eigelbe mit Zucker schaumig aufschlagen, Eischnee vorsichtig unterheben. Mehl und Pistazien mischen und unter die Eier-Masse heben. Teig in eine mit Backpapier ausgelegte Springform (Ø 26 cm) geben und im Ofen 25–30 Minuten backen. Auskühlen lassen.

Zutaten
(für den Biskuit)
100 g Pistazien (ersatzweise andere Nüsse)
5 Eier
100 g Zucker
50 g Mehl
Prise Salz

Zubereitung

Die Gelatine in kaltem Wasser ein paar Minuten einweichen, Vanilleschote längs aufschlitzen, Mark herausschaben. Schote und Mark in der Milch aufkochen. Eigelbe mit dem Puderzucker und der abgeriebenen Orangenschale dickcremig aufschlagen. Vanilleschote aus der Milch nehmen und dann

Zutaten
(für die Creme)
10 Blatt Gelatine (ersatzweise Agar-Agar)
1 Vanilleschote
400 g Milch
4 Eigelb
120 g Puderzucker
abgeriebene Schale von
1/2 ungespritzten Orange
500 g Schlagsahne
2–3 EL pürierte und glatt gerührte Erdbeermarmelade

die Milch nach und nach mit dem Handrührgerät in die Eigelbmasse einrühren. Alles durch ein Sieb gießen. Gelatine aus dem Wasser nehmen, gut ausdrücken und unter die heiße Creme rühren, bis sie sich vollständig gelöst hat. Wenn die Creme anfängt zu gelieren, Sahne steif schlagen und portionsweise unterheben.

Auf dem ausgekühlten Tortenboden Erdbeermarmelade verstreichen, dann die Creme darauf geben und glatt streichen. Über Nacht kalt stellen.

Zubereitung

Erdbeeren putzen, d. h. das Grün und eventuelle Erdreste entfernen, aber im Ganzen lassen. Mit der Schnittfläche nach unten auf die Creme setzen. Tortenguss nach Packungsanweisung mit Zucker und Saft (z. B. Johannisbeersaft) zubereiten und die Erdbeeren mit einem Pinsel »lackieren«. Mit gehackten Pistazien den Rand verschönern.

Zutaten

(für den Belag)
500–600 g Erdbeeren
1 Packung Tortenguss, rot (ersatzweise Agar-Agar)
gehackte Pistazien

Marc Ritter
Glücksrezept

Metzger nahm die Elektroden von Karins Stirn. Mit kleinen, kaum hörbaren Plopps lösten sich die winzigen Saugnäpfe, aus deren Zentren sich die Kabel in das Steuergerät wanden. Er zog den Stecker aus der Steckdose und säuberte jede einzelne der 20 Elektroden mit Alkohol. Dann legte er das Gerät mitsamt den Kabeln behutsam in die Bereitschaftstasche und schloss deren Metallschließe.

Er drehte sich wieder zu Karin um, betrachtete ihren nackten Körper, der ausgestreckt neben ihm lag. Die Schweißperlen auf ihrer glatten, weißen Haut glitzerten im Mondlicht, das durch das Oberlicht fiel und noch einmal vom Wasserspiegel des Sees reflektiert von der Seite durch das Panoramafenster der Villa schien.

Karin war eine schöne Frau. Nicht nur für ihre 47, wie er fand. Er rechnete im Kopf noch einmal nach. Doch, es stimmte. Jahrgang 1998. Jetzt war Juli 2045. Sie war im Januar 47 geworden. Gefeiert hatten sie seit bestimmt zehn Jahren nicht mehr. Er strich ihr mit der Oberseite des Zeigefingers noch einmal über die Wange. Als ob er sie trösten wollte. Ihre Gesichtshaut war glatt, ohne dass dafür die Künste der Kollegen, die für das Äußere zuständig waren, allzu exzessiv angewandt worden waren. Karins Brüste waren rund und fest geblieben. Obwohl sie damals gegen seinen Rat unbedingt hatte stillen wollen. Ihr Bauch war flach. Trotz der zwei Kinder. Ihre Hüften zeigten angenehme weibliche Rundungen, weit davon entfernt, in Reiterhosen auszukragen. Ihre Schambehaarung hatte sie getrimmt wie die jungen Mädchen auf den Fotos der Pubertätswebseiten ihrer Tochter Marla. Dabei hatten Karin und er seit elf Jahren, sieben Monaten und zwölf Tagen nicht mehr miteinander geschlafen. Und es hatte ganz sicher auch keinen anderen gegeben. Oder hatte es? Anfangs, vielleicht? Es war ihm damals schon egal gewesen. Jedenfalls hatte sie ihren Körper über all die Jahre hinweg beieinander gehalten. Nachdem das Glück sie endgültig verlassen hatte, war dieser Körper alles, was von Dr. med. dent. Karin Metzger, geborene Silberstein, übrig blieb.

»Karin, wir müssen reden.«

»Jetzt nicht, Alwin, ich habe den ganzen Nachmittag zu tun. Am Montag ist Aufsichtsratssitzung des Vereins. Ich muss den Rechenschaftsbericht des Vorstands noch diktieren.«

»Heute ist Sonntag.«

»Eben. Morgen ist Montag. Ich bin spät dran. Ich kann von Glück reden, wenn ich vor Mitternacht damit fertig werde.«

»Der Sonntag gehört der Familie. Du hast auch zwei eigene Kinder, nicht nur die, die im Haus deines Hilfsvereins wohnen.«

Karin brauste auf. »Willst du nun wieder unsere beiden Töchter, denen es an nichts fehlt, die die ganze Woche eine der besten Schulen des Landes besuchen und am Wochenende von unserem Fahrer in einem weißen E-Rover zu ihren Pferden oder zum Hockey gebracht werden, gegen die armen Geschöpfe ausspielen, denen mein Verein ein neues Zuhause, ja, überhaupt erst eine

Hoffnung auf ein neues Leben gibt? Ich dachte, das hätten wir hinter uns.«

Alwin Metzger wusste, dass diese Diskussion zu nichts führen würde. Die Arbeit in ihren Wohltätigkeitsvereinen, vor allem in dem, durch dessen Einsatz die Kinder aus brutalst gescheiterten Beziehungen ein neues Heim fanden, ging seiner Frau über alles.

Er sah hinaus auf den See, auf dem am frühen Nachmittag des knallheißen Julitages die Segeljachten mangels Windes nur noch als sündteure Badeinseln dümpelten. Er stand auf, brachte Karin eine frische Karaffe des energetisierenden Wassers, das ihm als eines seiner ersten medizinischen Patente vor vielen Jahren das erste, noch kleine Vermögen eingebracht hatte, und zog sich in das klimatisierte Dachgeschoss der Villa zurück.

Auch er hatte ein Projekt, das seine ganze Aufmerksamkeit als Wissenschaftler erforderte. Solange die Mädels weg waren, war Ruhe im Haus. Die versuchte er in ein paar ergebnisreiche Stunden umzumünzen. Der Artikel musste vorankommen.

Später, wenn Michael mit dem E-Rover die Mädchen vom Reiterhof auf der anderen Seeseite zurückbrachte, würde er mit ihnen unten am Steg noch einmal baden oder, besser, eine Runde Wasserski fahren. Sein Wasserskiboot hatte 420 PS, die während des ganzen Sommers noch nicht ein einziges Mal zum Leben erwacht waren. Er hoffte, dass ein paar Runden über den abendlichen See seine Töchter glücklich machen würden. Oder wenigstens ihn. Wenn nicht, könnte er dafür genau dosiert sorgen. Sehr genau.

Prof. Dr. med. Dr. phil. Alwin Metzger war immer genau. Er führte über alle Aspekte seines Lebens und dem seiner Familie akribisch Buch, und zwar mittels des kleinen Computers am linken Handgelenk. Mithilfe des von ihm entwickelten Programms konnte er ausrechnen, wie viel Geld ihn das Erlernen des Golfsports in den letzten zehn Jahren gekostet hatte; er protokollierte den Score jeder Runde auf dem Gerät sowie die Clubbeiträge und Greenfees, die Kosten für Übungsstunden beim Pro und die Anschaffung der Ausrüstung – und so konnte er jederzeit sagen, wie viel ihm jeder einzelne Schlag wert war.

Er hatte jeden Kilometer, den er mit einem seiner Oldtimer gefahren war, festgehalten und konnte ihn in Beziehung zu Erwerb, Renovierung und Unterhaltskosten der jeweiligen fahrbaren Preziose setzen. Andere wären in Ohnmacht gefallen, hätten sie herausbekommen, dass sie ein Kilometer mit den antiken Benzinern, für die kaum noch Treibstoff zu bekommen war, weit über 1.000 Neumark gekostet hatte.

Auch er wunderte sich darüber, wie teuer seine Hobbys waren. Aber Kontrolle zu haben über jede Sekunde seines Lebens bereitete ihm ein Glücksgefühl, das unvergleichlich größer war als das Entsetzen über die Kosten. Und das Glück war der Lebenszweck Professor Alwin Metzgers.

Seine Freunde im Clubhaus zogen ihn mit seinem Kontroll-Spleen regelmäßig auf. Sie fragten ihn, ob er auch ausrechnen könnte, wie viel ihn seine Frau und jedes einzelne Mal Sex mit ihr gekostet hätten und ab wann die Ehe billiger wäre als regelmäßige Bordellbesuche. Alwin Metzger lächelte über diese pubertären

Witzchen und schwieg dazu. Natürlich konnte er das ausrechnen. Teuer war Karin immer gewesen, auch, als sie sich noch regelmäßig liebten. Mittlerweile brachte diese Rechnung nichts mehr, da eine Null im Teiler in der Mathematik bekanntlich nicht erlaubt ist.

An diesem Sonntag wollte er sie auf der Terrasse zur Rede stellen. Wollte mit ihr darüber sprechen, wie sehr ihre Ehe in den letzten zehn Jahren vor die Hunde gegangen war. Nicht nur, dass ihm seine Frau Sex verweigerte. Vielmehr störte ihn, dass sich Karin in zig Projekte verrannt hatte. Projekte, die Gutes bewirkten. Sehr viel Gutes. Aber leider nur für ihr fremde Menschen. Und nicht für die eigene Familie. Dass die Mädels praktisch ohne Mutter aufwuchsen, wollte er ihr an den Kopf werfen. Und auch, dass sie dabei ihre Praxis vernachlässigte. Das wäre finanziell zu verkraften gewesen, denn Alwin war ein brillanter Forscher, der mit seinen Entdeckungen viel Geld machte.

Aber die ganze Community um den Starnberger See herum begann zu tuscheln, im Segelclub, im Golfclub, im Country Club: Hinter vorgehaltener Hand sprachen die Leute schon lange über die im Scheitern begriffene Ehe der Metzgers. Und das konnte er sich nicht leisten. Denn sein Produkt war Glück. Familiäres Unglück passte einfach nicht in die Story.

Mittlerweile hatten ihn seine besten Freunde auch schon direkt darauf angesprochen. Sie alle hatten bemerkt, dass Karin immer dunkler, abweisender, verbitterter wurde. Dr. Karin Metzger machte auf alle, die sie seit Längerem kannten, einen unglücklichen Eindruck. Je mehr Glück sie mit ihren Organisationen in das Leben anderer Menschen brachte, desto weniger Glück schien sie in sich zu tragen. Für die Geschäfte des Alwin Metzger war sie beileibe kein Aushängeschild mehr.

Vier Jahre waren seit diesem Sonntag vergangen. Auf den Tag genau. Heute würde er seine Methode dem ultimativen Test unterziehen. Professor Alwin Metzger hatte sie in den letzten Jahren immer weiter verfeinert.

Ursprünglich darauf gebracht hatte ihn der Kollege Schmidtbauer, der nicht nur Inhaber einer gut gehenden orthopädischen Praxis in der Innenstadt, sondern auch auch Vereinsarzt des erfolgreichen Rasenhockey-Clubs war, welcher von seinem herrschaftlich gelegenen Trainingsgelände am Ostufer des Sees aus die europäischen Ligen nach Herzenslust zu beherrschen schien.

Nachdem 2021 professioneller Fußball aufgrund der Mafiaverstrickungen der FIFA in Europa verboten worden war, hatte das Fernsehen den einst nahezu unter Ausschluss der Öffentlichkeit stattfindenden Hockeysport entdeckt und groß gemacht. Das ganze Sponsoren- und TV-Geld war in den ehedem elitären und amateurhaft betriebenen Rasensport eingesickert. Professionalisierung auf allen Ebenen war die Folge. Ausländische Spieler und Trainer wurden gekauft. Und diese Spieler genossen die beste medizinische Betreuung.

Professor Dr. med. Dr. h.c. mult. Frank-Georg Schmidtbauer war durch die Einsätze auf den Hockeyplätzen Europas die internationale Koryphäe für geschundene Sprunggelenke und verschlissene Knie geworden. Neben Sportlern ließen sich Politiker und Showstars von ihm in seiner feudalen Innenstadt-Praxis behandeln. Er hatte einen eigenen E-Copter-Landeplatz auf dem Dach, sodass die Prominenz jederzeit ungesehen zu ihm einschweben konnte. Er genoss Guru-Status nicht alleine aufgrund seiner Behandlungserfolge. Gerüchte machten die Runde, er ginge bald auf die Hundert und sah dabei immer noch aus wie höchstens 75. Allerdings grämte es den Medizinstar, dass er nur für das Gebein seiner potenten Patienten zuständig war. Zu gern hätte er sich auch um ihre geistige Gesundheit und mentale Ausgeglichenheit gekümmert. Allein – dazu fehlten ihm Qualifikation und Reputation.

Es traf sich daher nur zu gut, dass Professor Alwin Metzger, ein international renommierter Wissenschaftler, der sich mit seinen Forschungen auf dem Gebiet der Psychologie ebenso einen Namen gemacht hatte wie auf dem der Neurologie, an den Starnberger See gezogen und in den Golf-Club am Westufer eingetreten war. Schmidtbauer war dort Präsident. Und er erkannte sofort: Alwin Metzger war sein Mann. Er war unübertroffen, was die Erforschung des menschlichen Gehirns anbelangte. Und der Abläufe, die den einzelnen Menschen zu dem machten, was er war. Oder zu dem, was er glaubte zu sein.

Einige der von Metzger entdeckten Hirnregionen trugen sogar seinen Namen. Die sogenannten Metzger-Lappen (lat. *lobi metzgeri*) waren in die Fachliteratur eingegangen als Zentren des wertvollsten aller menschlichen Gefühle: des persönlichen Glücks. Metzgers Publikationsliste zu diesem Thema schien endlos. Fachleute wetteten bereits darauf, dass Metzger eines Tages mit dem Medizin-Nobelpreis bedacht würde.

Die Professoren Schmidtbauer und Metzger taten sich zu Beginn des zu Ende gehenden Jahrzehnts zusammen und brachten zunächst die Hockey-Spieler des berühmten und reichen See-Clubs läuferisch wie geistig auf Vordermann.

Was die Sportler des Clubs – und bald alle möglichen Athleten des Kontinents – neben Schmidtbauers orthopädischen Behandlungen besonders schnell fit und darüber hinaus mental erfolgreich werden ließ, war die Stimulation der für das Glücksempfinden zuständigen Hirnregionen der Rekonvaleszenten, der Metzger-Lappen. Alwin Metzger verdiente mit dieser praktischen Anwendung seiner Grundlagenforschung ein riesiges Vermögen. Und er verfeinerte seine Methode von Patient zu Patient.

Bereits drei Jahre nach Beginn der Kooperation mit dem Kollegen Schmidtbauer konnte Metzger das Glück alters- und geschlechtsabhängig erzeugen. Es war nämlich nicht so, dass Frauen das gleiche Glück erlebten wie Männer. Oder ältere Menschen das Glück von Jugendlichen. Und gerade in dieser Individualisierung des von den Metzger'schen Glücksapparaturen mit gezielten Stromstößen erzeugten Hochgefühls lag der Vorteil dieser Methode, und sie war der Grund für Metzgers meilenweiten Vorsprung gegenüber seinen Konkurrenten. Hunderte und Tausende von Patienten, die über die Jahre in der Schmidtbauer/Metzger-Praxis ein- und ausgegangen waren, bildeten ein Forschungscluster, das es in seiner Bandbreite an keiner Universität der Welt gab.

Bald konnte Alwin Metzger auch berufstypisches Glück erzeugen und seine Patienten darauf schulen, es für kurze Zeiträume durch Konditionierung genau in den Momenten, in denen es darauf ankam, selbst abzurufen: Politiker kurz vor einer entscheidenden Rede oder – wichtiger – einem Talkshow-Webcast, Manager vor einer

Hauptversammlung, Angeklagte vor ihrer Verhandlung, Rechtsanwälte vor einem Plädoyer, Fußballer vor einem entscheidenden Strafstoß, Biathleten im Schießstand, Kinder reicher Eltern, die die Abiturprüfung am Privatgymnasium im dritten Anlauf endlich bestehen sollten. Mit gezielt hervorgerufenen Glücksgefühlen im Kopf gelangen diese Unterfangen signifikant besser.

An dem Sonntagnachmittag vor vier Jahren hatte Alwin Metzger den Entschluss gefasst zu erforschen, wie weit das Gefühl namens Glück auch dazu in der Lage war, einem Menschen zu schaden. Zu seinem Forschungsobjekt hatte er seine Frau Karin bestimmt. Jeden Abend hatte er ihr unauffällig drei K.-o.-Tropfen in das Glas des energetisierenden Wassers gegeben, das sie seit 20 Jahren vor dem Einschlafen trank. Dann hatte er gewartet, bis seine Frau tief und fest schlief. Er hatte ihr die Elektroden aufgesetzt und mit dem Apparat seine Versuche an Karins Hirnströmen unternommen. Er hatte gezielt ihre Metzger-Lappen manipuliert und durch das von ihm entwickelte bildgebende Verfahren auf einem Monitor beobachtet, was die Betäubte im Traum dabei erlebte.

Bald konnte er bei seiner Frau die unterschiedlichen Stadien von Glück erzeugen. Er hatte mit für Frauen einfachen Glückssimulationen wie multiplen Orgasmen angefangen und war nach einem halben Jahre beim während des Stillens erlebten Mutterglück angekommen. Etwas länger hatte er für Shoppingerlebnisse gebraucht, die er schließlich bis zu dem Gefühl steigern konnte, ein Paar Enrico-Martinez-Schuhe zu einem falsch ausgezeichneten und daher lächerlich niedrigen Preis ergattert zu haben. Damals hatte Karins Herz mit über 190 Schlägen pro Minute an der Grenze seiner Leistungsfähigkeit gepumpt.

Eine ganze Zeit lang hatte er an der Hervorrufung kulinarischer Glücksgefühle gefeilt. Diese bei Karin zu erregen war nicht leicht. Denn sie war alles andere als ein Gourmand. Sie aß nur das Allerfeinste und davon nur die exquisitesten Teile. Von Salat nur die Herzen. Von Spargel nur die Köpfe. Von Hummern nur die Scheren. Gericht für Gericht arbeitete er sich durch die Kochbücher der großen Küchenmeister. Er konnte die plumpen Gerichte der Kommerzköche der Internet-TV-Stationen vergessen, das war ihm von Anfang an klar gewesen. Ihre zum Erbrechen variierten Burger-Rezepte, die sich doch immer wieder selbst glichen, ob sie nun auf Flugmango-Basis oder auf gesundheitserhaltenden Gewürzmischungen basierten, würden bei Karin im wachen Zustand nur Fluchtgedanken erzeugen. Er musste sie mit etwas beglücken, das ihr seit frühester Jugend höchstes Entzücken bereitete, wenn sie es zwischen die Lippen bekam. Nur hatte er keine Ahnung, was das sein könnte. Danach fragen wollte er sie nicht, um keinen Verdacht zu erregen. Es wäre die erste Frage nach ihren persönlichen Vorlieben gewesen, die er ihr seit Jahren gestellt hätte. Also musste er in ihrer Vergangenheit forschen. Was hatte Karin als Kind am liebsten gegessen? Etwas, das es oft genug gegeben haben musste, um bleibende Glückseligkeitsspuren in ihrem Gehirn hinterlassen zu haben. Und doch durfte das Gericht nicht jeden Tag auf dem Tisch gestanden haben; es wäre sonst als ehemalige Gewohnheit und nicht als Erinnerung im Kopf verankert – und aus Gewohnheiten auch nur eine Spur Glück zu destillieren, das hatte Alwin Metzger oft genug bei seinen Patienten erlebt, war so gut wie unmöglich.

Als er eines Tages auf der iWall seines Arbeitszimmers alte Familienbilder durchblätterte, fiel ihm ein Foto in einem Cloud-Album auf, das Karins Kindheit und Jugend dokumentierte. Das Bild, aufgenommen in den knalligen Farben einer Digitalkamera der Nullerjahre, zeigte die höchstens zehnjährige Karin. Sie saß in einem Garten an einem Tisch. Vor ihr stand ein Teller, darauf ein rechteckiges Stück Kuchen mit einer dicken Sahneschicht. Die kleine Karin strahlte über das ganze Gesicht. Alwin Metzger klickte mit dem Gedankencursor auf die Zusatzdaten, die die alte Kamera zur Bilddatei geschrieben hatte: Canon IXUS, Sonntag, 15. Juli 2007. 14:55:34 MESZ. Die ebenfalls gespeicherten GPS-Daten führten ihn zu einer Villengegend in Augsburg. Alwin Metzger wusste sofort, dass das Bild im parkähnlichen Anwesen von Karins Großeltern in Augsburg aufgenommen worden sein musste. Und schlagartig war ihm klar, welches Stück Kuchen unter der zentimeterdick aufgetragenen Sahne darauf wartete, in wenigen Sekunden die Geschmacksrezeptoren in Karins Mund und Nase dazu zu veranlassen, eine Meldung an das Kleinhirn zu senden, einen Schwall Glückshormone in ihren Körper auszusenden. Es konnte sich natürlich nur um Zwetschgendatschi handeln, der nur wenige Augenblicke, nachdem der Großvater seine Kamera vom Auge genommen haben würde, für die kulinarische Ekstase sorgen würde, die sich auf dem Bild bereits mit dem seligen Lachen und den strahlenden Augen des Kindes ankündigte.

Es forderte Metzgers gesamte Fähigkeiten und Erfahrung. Dann schaffte er es. Eines Nachts sah er auf dem

Monitor, wie seine vor ihm liegende Frau eine Szene träumte, die ganz wie das Bild im Garten ihrer Großeltern aussah. Und dann lag ein großes Stück Zwetschgendatschi mit Schlagsahne vor ihrem geistigen Auge. Die Glückshormone, die in ihr ausgeschüttet wurden, erreichten maximale Werte. Mehr wäre gefährlich gewesen.

Obwohl Karin Metzger Nacht für Nacht glücklich gemacht wurde, verfiel sie am Tag in immer größere Betrübtheit. Durch ihre Tätigkeit für diverse Wohltätigkeitsvereine erhielt sie täglich neue Nachrichten von humanitären Katastrophen aus aller Welt. Bald behandelte sie die Patienten ihrer Zahnarztpraxis nur noch halbtags, um mehr Zeit für den Kampf gegen das Elend dieser Welt zu haben. Doch je mehr Problemen sich ihre Vereine und Hilfsorganisationen stellten, desto mehr taten sich an anderen Orten des Planeten auf.

Alwin dachte nicht daran, Karin den Schlüssel zum Glück zu geben, mit dem er bei anderen Millionen verdiente. Und sie selbst merkte nicht, wie unglücklich sie war, und verlangte von ihrem Mann keine Behandlung. Ihr Unterbewusstsein und ihr Körper bekamen jede Nacht mehr als genug Glück. Es mangelte ihrem Körper an keinem Mikrogramm irgendeines Glückshormons. Rein stofflich betrachtet war sie der glücklichste Mensch der Welt.

Vor zwei Monaten hatte Alwin Metzger es dann zum ersten Mal geschafft, Karins Atmung für zwei Minuten aussetzen zu lassen. Ein hoch dosierter Glücksstoß aus seinem Gerät hatte in ihren Metzger-Lappen das Gefühl ausgelöst, das ein romantischer Abend mit einem ihr verfallenen italienischen Fürsten auf der Terrasse dessen

Schlosses auf Capri erzeugt hätte. Auf dem Monitor fla-
ckerten die Kerzen sachte im Wind. Karin sah sich selbst
in einem durchsichtigen weißen Kleid. Und sie konnte
beobachten, wie der Conte sich nicht auf sein Essen kon-
zentrierte, sondern sich bereits mit dem ersten Bissen
Vitello Tonnato, das ihm von der Gabel fiel, die Hose
verkleckerte. Karin erhob sich von ihrem Stuhl, um das
Malheur zu beseitigen. Sie tat es mit ihren Lippen und
ihrer Zunge. Als der Italiener die Hose aufknöpfte, setzte
die Atmung bei Karin aus. Schnell schaltete Metzger die
Apparate ab. Er wusste seither: eine Überdosis Glück
konnte das zentrale Nervensystem bei der Steuerung der
überlebenswichtigen Funktionen nachhaltig beeinflus-
sen.

Alle diese Glücksekstasen seiner Frau hatte Alwin Metzger dokumentiert und in den großen Artikel für die amerikanische Fachwebsite einfließen lassen. Heute würde
er sein Werk vollenden.

Zu Beginn hatte er Alltagsglücksgefühle erzeugt.
Eine gute Note einer der Töchter. Das Auffinden einer
lange verschollen geglaubten Handtasche. Nach dieser
Aufwärmphase hatte er den Regler bis an den Anschlag
gedreht. Karin Metzgers Körper erbebte, der Schweiß
begann ihr aus jeder Pore zu fließen, und sie strahlte
übers ganze Gesicht. Schließlich wich das Strahlen
einem Gesichtsausdruck der vollkommenen Entspan-
nung. Sie sah sehr glücklich aus. Wohlig räkelte sie sich
auf dem Leinen.

Alwin Metzger sah auf dem Traummonitor die Bilder
ihres Glücksrauschs. Er sah sich selbst und die beiden
Kinder, als sie noch klein waren. Sie saßen in dem alten

Kombi, den er als Student und in den ersten Jahren ihrer Ehe gefahren hatte. Sie fuhren zum See. Doch an ihrer Villa fuhren sie vorbei. Andere Leute wohnten dort. Er parkte das verbeulte Auto am öffentlichen Bootsverleih. Karin lud den Picknick-Korb in ein Ruderboot. Er sah sich durch Karins Traum dabei zu, wie er seine Familie hinüber zur kleinen Insel ruderte. Dort knüpfte er eine Hängematte zwischen zwei Bäume. Karin breitete eine Decke aus. Er entzündete am Ufer ein Feuer, über dem die Kinder Marshmallows rösteten. Sie lachten alle vier, als sie sich die klebrigen Dinger gegenseitig in den Mund schoben. Dann packte Karin die Kühltasche aus. Sie hatte Zwetschgendatschi mitgebracht. Die Kinder kreischten beim Anblick der Teller vor Glück um die Wette. Er sah sich zu, wie er sich einen großen Klecks Sahne mit dem Löffel nahm, sie auf den Datschi klatschen ließ, um sie dann mit der Kuchengabel zu zerstreichen. Dann spielten sie Federball. Und lachten immer noch. Sie lachten alle vier immerfort. Schließlich packte Familie Metzger die Sachen zusammen, und er ruderte sie in den Sonnenuntergang.

Karin riss die Augen auf, lachte kurz laut und glücklich auf. Dann zeigte der Traummonitor nur noch Schwärze. Die Nulllinie des EEG, das die Hirnströme anzeigte, ließ keinen Zweifel. Hirntod.

Professor Alwin Metzger setzte sich an seinen Schreibtisch und beendete auf der iWall den Artikel für *The New England Journal of Medicine*. Er lud die Filme hoch, die der Traummonitor mitgeschnitten hatte. Der Nobelpreis war in greifbarer Nähe. Zum Schluss setzte er die passende Überschrift über den Text: »Happiness is a Warm

Plum«. Als das erste Tageslicht den See erglänzen ließ, mailte er den brillanten Beitrag, an dem er vier Jahre, sieben Monate und zwölf Tage gearbeitet hatte, an die weltweit anerkannte Fachwebsite.

Er lächelte und sah durch das Dachfenster zu, wie sich der morgengraue Himmel allmählich hellrosa färbte. Er atmete tief durch und konfigurierte über den Cyber-Backshop eine große Portion Pflaumenersatzviertlinge auf thermisch verdichtetem Carb-Lecitin-Surrogat mit ordentlich Analog-Sahne (lactat- und cholesterinfrei). Wenige Augenblicke später registrierte er das vertraute Summen, als unten in der Küche der Delimat 3.000 mit der Generierung des Obstbacklings begann.

Dann rief er den Notarzt.

Zwetschgendatschi

Originalrezept von Marc Ritters Großmutter Rosa, die aus München-Giesing stammte, aber den Datschi dennoch nur streng nach Augsburger Originalrezept buk:

Zubereitung

Mehl, Backpulver, Zucker, Vanillezucker, Eier und Butter zusammenkneten und eine Stunde zugedeckt kalt stellen. Dann den Teig auf einem gefetteten Backblech auswalgen (»auswoigln«). Die Zwetschgen waschen, entsteinen, vierteln, dicht auf den Teig legen und leicht andrücken (»datschen«). Mit Zucker und Zimt bestreuen. Bei 180 °C 40–50 Minuten backen.

Lauwarm mit reichlich ungesüßtem Schlagrahm servieren!

Zutaten

300 g Mehl
3 TL Backpulver
130 g Zucker
2 EL Vanillezucker
2 Eier
130 g Butter
ca. 1,5 kg Zwetschgen
Zucker mit Zimt

Andreas Mäckler
Nur bis ... Herrsching

Karl Kosel war ein korrekter Mensch. Als Buchhalter einer Schwabinger Firma für Bürobedarf war ihm die Pingeligkeit in Fleisch und Blut übergegangen. Und so achtete er nicht nur auf adrette Kleidung und Pünktlichkeit, von der Sauberkeit der Buchführung ganz zu schweigen, sondern ebenso auf den reibungslosen Ablauf seiner Ehe. Dabei war ihm völlig entgangen, dass diese Ehe längst keine mehr war. Als Brigitte dies dadurch besiegelte, dass sie ihm die Scheidung erklärte, nahm er das regungslos zur Kenntnis, aber er verstand die Welt nicht mehr. Und als er für ihr Abschiedsmenü den Ofen auf 220 °C vorheizte, verstand er nur noch, dass ihn das alles Unsummen kosten würde: Anwaltsgebühren, Unterhaltszahlung, Rentenausgleich.

»Davon geht die Welt nicht unter, Karl«, versuchte Brigitte ihn aufzumuntern, während sie noch einmal gemeinsam ihr Lieblingsgericht zubereiteten: bayerischen Krustenbraten. Sie spülte den Schweinsbraten kurz unter fließendem Wasser ab, Kosel nahm ein scharfes Messer aus dem Messerblock und schnitt die Schwarte rautenförmig ein – langsam und bedächtig, wie es seine Art war. Brigitte schob den Braten seufzend in den Ofen. »Das hätte auch schneller gehen können.«

Kosel zuckte nur mit den Achseln. »Gut Ding will Weile haben.« Dann nahm er wieder das Messer und schnitt drei Pfannkuchen in Streifen, alle in derselben Breite, während der Krustenbraten zwei Stunden lang vor sich hinschmorte. Brigitte schob ihm den Topf mit der Rinderkraftbrühe zu. »Nun tu schon rein, wir wollen die Vorspeise nicht zum Nachtisch essen.«

Zum Dessert servierte Kosel Apfelküchlein in Bierteig gebacken mit Vanilleeis und Zimtzucker. »So süß hatten wir es schon lange nicht mehr«, lobte Brigitte ihren Mann. Er nickte nur. Jetzt war der Kas gessn, wie sie in Bayern sagten. Ende der Vorstellung in der Kosel'schen Küche, die seit Jahren einem Kampfplatz glich, auf dem ihre Ehe ausgetragen wurde. Nur beim Essen war immer Waffenstillstand gewesen, doch so viel Kauen und Runterschlucken konnten sie gar nicht, wie ihre Ehejahre lang waren. Ein Mal noch Himmel und Hölle, dachte Kosel, und dann basta.

Als Brigitte wie gewohnt nach den Tagesthemen ins Bett gegangen war, folgte er ihr exakt 30 Minuten später, leise wie immer, und erwürgte sie. Dann schleifte er die Tote die Treppe hinab bis zur Garage, wuchtete sie in den Kofferraum seines Wagens und setzte sich hinters Steuer.

Bis zum Ammersee, Brigittes liebstem Ausflugsziel, den er als letzte Ruhestätte für sie vorgesehen hatte, waren es rund 40 Kilometer. Kosel schaltete das Radio ein und suchte Bayern 3. Auf den Verkehrsfunk wollte er diesmal nicht verzichten. Die Geschwindigkeitsbegrenzung von 80 Stundenkilometern im Stadtgebiet der A96 hielt er genau ein, wie immer. Gern hätte er jetzt eine Zigarette geraucht, aber sein einziges Laster hatte er sich schon vor 20 Jahren abgewöhnt. Brigitte duldete keine ungesunde Lebensführung, und Widerspruch schon gar nicht. Wie oft hatte sie Karlchen zu ihm gesagt, als wäre er ihr 50-jähriges Kind, das sie zu erziehen hatte. Nur diesmal war er ungezogen gewesen, einmal in all den Jahren. Kosel fühlte fast Freude darüber, wäre nicht auch dieses Gefühl der Ehe zum Opfer gefallen. Mama würgte man nicht.

Um diese Stunde war kaum noch Verkehr, als er bei Oberpfaffenhofen die Autobahn verließ und über Weßling Richtung Südwesten fuhr. Früher war das der Weg zu Monika gewesen, seiner großen Liebe nach der Schulzeit. Doch eine Preußin heiratete man in Bayern nicht, hatten die Eltern gesagt, und Brigitte war die Tochter des Bürgermeisters. Das musste passen. Kosel hatte die Zähne zusammengebissen. Hin und wieder kamen ihm Scheinwerfer entgegen und streiften kurz sein Gesicht. Im Rückspiegel sah er lange Zeit gar nichts. Plötzlich hatte er ein Scheinwerferpaar hinter sich, dessen Herankommen er gar nicht bemerkt hatte. Die Lichtfinger blieben in immer gleichem Abstand. Er fühlte sich bedrängt, aber er konnte nicht schneller fahren, denn die Geschwindigkeitsbegrenzung war noch nicht aufgehoben und eine Überschreitung war ihm unmöglich. Nie verstieß er gegen die Verkehrsordnung. Ihm stiegen fliegende Hitzen auf.

»Überhol doch endlich«, murmelte er. Kosel nahm sogar den Fuß vom Gaspedal, doch der Wagen hinter ihm hielt weiterhin den gleichen Abstand ein. Als sie aus dem Wald herausfuhren und der Mond sein fahles Licht über eine Hügellandschaft ausbreitete, zeigte ihm der Rückspiegel ein erschreckendes Bild: Das war ein Polizeiwagen.

Kosels Hände krampften sich um das Lenkrad. Er starrte auf den Tacho. Bestimmt hatte er nie die Geschwindigkeit übertreten. Warum sollten sie ihn anhalten? Weiter vorne sah er eine Kreuzung.

»Hoffentlich biegen sie ab.« Kosel wollte sich entspannen. Doch statt abzubiegen, setzte der Polizeiwagen zum Überholen an. Und schon sah Kosel die rote Kelle blinken. Ihm blieb beinahe das Herz stehen. Mechanisch fuhr er an den Straßenrand und drehte das Fenster runter. Er sah Schweißperlen auf seinem Handrücken und wischte sich über die Stirn.

Ein Polizeibeamter leuchtete ihm kurz ins Gesicht und dann in den Wagen. »Grüß Gott, der Herr.«

»Guten Abend, Kommissar ..., äh Herr Wachtmeister.« Kosel fingerte sofort an der Innentasche seines Sakkos herum, noch ehe der Polizist ihn nach den Papieren gefragt hatte, und reichte ihm den Führerschein.

»Ham Sie was 'trunken, Herr Kosel?«

»Nichts, überhaupt nichts. Keinen Alkohol. Bin Anti-Alkoholiker. Schon seit meiner Geburt.« Kosel verunglückte das Lachen.

Der Polizist blieb ungerührt. »Den Fahrzeugschein?«

»Selbstverständlich.«

Kosel reichte ihn hinaus, aber der Beamte winkte ab. »In Ordnung. Mir ham Sie angehalten, weil Ihre Bremslichter nicht brennen.«

»Wie soll ich das wissen, ich kann mich ja nicht von hinten sehen.« Kosel hob die Stimme.

»Wir wollen Sie ja auch nicht verhaften, sondern Sie nur darauf aufmerksam machen«, meinte der zweite Polizist, der hinzugekommen war und Hochdeutsch sprach. »Vielleicht ist es ein Wackelkontakt.«

»Dann rütteln Sie doch mal am Kotflügel.« Kosel trat das Bremspedal durch und sah das Licht in der Dunkelheit aufflackern und gleich wieder erlöschen. »Rütteln Sie noch mal, stärker!«

»Hoffentlich fällt Ihr Auto nicht auseinander!« Die beiden Beamten schüttelten den Wagen nach Leibeskräften.

»Es brennt!«

»Schon recht, Herr Kosel, jetzt funktioniert's ja. Aber des müssen S' auf alle Fälle nachschaun lassen. Gute Fahrt. Wir bleiben noch grad hinter Ihnen.«

Wäre die Lage nicht so ernst gewesen, Kosel hätte sich entspannen können. Doch jetzt hatte er zwei Probleme: Brigitte tot im Kofferraum und eine Polizeieskorte hinter sich. Kaum hatte er sich zurückgelehnt, da kam ein drittes hinzu: Kosel sah wieder die rote Kelle.

»Jetzt brennt Ihr Rücklicht nimmer. So können S' im Dunkeln net weiterfahrn. Ham Sie's noch weit?«

»Nur bis ... Herrsching« – den Ammersee konnte er in dieser Situation schlecht als Zielort nennen.

»Des is fei ganz schön weit. Mein Schwager wohnt da.«

»Ist da nicht gleich in Herrsching eine Tankstelle, die jetzt noch geöffnet hat?«, mischte sich der Kollege ein. »Da kriegen Sie sicher neue Glühbirnen, und wir, Gustl, trinken einen warmen Kaffee.« Er klopfte seinem Kollegen auf die Schultern. »Wir fahren hinter Ihnen her, Herr Kosel. Da kann Ihnen nichts passieren.«

Kosel schwitzte noch mehr. Wenn die den Kofferraum öffnen ... Jetzt fröstelte ihm. Diesen Gedanken wollte er ungern zu Ende denken. Vielleicht hat die Tankstelle doch nicht geöffnet, fuhr es ihm durch den Kopf, oder der Vorrat an Glühbirnen ist ausgegangen. Das Beste wäre, ein Betrunkener würde jetzt vorbeirasen und die beiden ablenken. Doch nichts dergleichen geschah. Kosel hielt an der Tankstelle, wo es am dunkelsten war.

Die beiden Ordnungshüter standen mit ihrem dampfenden Kaffee vor dem Automaten, aßen eine Leberkäs-Semmel mit Ketchup und nickten ihm freundlich zu, während er mit zitternden Fingern die Birnen bezahlte. Als sich einer der beiden in Bewegung setzte, rutschte Kosel fast das Herz in die Hose. Doch der Polizist steuerte nur die Toilette an.

»Stellen S' Ihr Auto ins Licht rein, dann sehen S' mehr«, rief ihm der Tankwart nach, als er schon am Ausgang war. Kosel dankte und winkte ab: »Hab Augen wie ein Luchs.« Aber erst, nachdem der zweite Polizist zurückgekommen war und sich wieder zu seinem Kollegen gesellte, öffnete Kosel den Kofferraum. Brigitte starrte ihn vorwurfsvoll an. Er hatte vergessen, sie zuzudecken.

Kosel nahm die Verschalungen der Leuchtkästen herunter, wechselte die Birnen und wollte gerade eine Klemme befestigen, als er sah, wie die Polizisten ihren Stehtisch verließen. Sofort ließ er den Kofferraumdeckel niedersausen, doch die beiden gingen nur zu den Zeitschriften und blätterten. Wenig später schauten sie Kosel durch das Fenster nach und sahen ihn mit brennenden Rückleuchten davonfahren. Seine zitternden Hände sahen sie nicht, als er ins Handschuhfach griff und einen Merci-Schokoriegel aus der Verpackung angelte. Nervös drehte er sich nach hinten. Immer wieder. Alles blieb schwarz – eine Weile, bis auf einmal erneut zwei gleißende Scheinwerfer hinter ihm auftauchten.

Kosel hatte es im Gefühl, dass in dem Wagen hinter ihm wieder die beiden Polizisten saßen. Ohne Aufforderung blinkte er und hielt am Straßenrand.

Freundlich lachend kam der Beamte auf ihn zu. »Ihr Rücklicht brennt schon wieder nicht. Des is bestimmt ein Wackler. Ihr Auto ist ja auch nicht grad das Neueste.«

Kosel öffnete die Fahrertür. »Das kann doch nicht wahr sein. Ich wollte längst ...«

Der zweite Beamte hatte sich neben ihn gestellt. »Aber ohne Licht können wir Sie nicht fahren lassen. Machen Sie doch mal den Kofferraum auf, vielleicht ist nur ein Kabel locker.«

»Nee, nee«, reagierte Kosel blitzschnell, »dann fahr ich lieber gleich zur Tankstelle zurück.« Jetzt fühlte er den Schweiß den Rücken runterlaufen. »Können Sie mich nicht einfach fahren lassen, die paar Kilometer? Ich erledige das gleich morgen früh.«

»Des kömma net machen«, sagte der eine Beamte, »die neuen Vorschriften sind auch net besser wia die alten.« Der Kollege nickte.

»In Ihrem Wagen steckt wohl der Wurm drin. Aber machen Sie sich keine Sorgen. Der Meister wird ihn bestimmt finden – wir schaun ihm persönlich über die Schulter, damit Sie auch sicher in Ruhe weiterfahren können!«

Apfelkücherl mit Bierteig und Mandelkruste

Zubereitung

Die Äpfel schälen, entkernen (Loch in die Mitte) und jeden Apfel in vier gleich große Ringe schneiden. Mehl, Eigelb, Bier, Salz und Öl verrühren. Eiweiß mit dem Zucker steif schlagen und vorsichtig unter die Teigmasse heben. Die Apfelringe in Mehl wenden, dann in den Teig tauchen und mit Mandelstiften bestreuen. Sofort in heißem Fett (170 °C) ausbacken, jede Seite 2–3 Minuten. Auf Küchenkrepp abtropfen lassen.

Zucker und Zimt miteinander mischen und die ausgebackenen Apfelringe darin wenden. Mit Vanilleeis servieren.

Zutaten

(für 4 Personen)

2 Äpfel
150 g Mehl
1 Eigelb
150 g helles Bier
Salz
1 EL Öl
2 Eiweiß
25 g Zucker
Mehl zum Wenden
50 g gestiftelte Mandeln
Frittierfett
100 g Zucker
1 EL Zimt
Vanilleeis

Digestif

Leonhard Michael Seidl
Ein Schuss zum Schluss

Der Billy und die Lilly,
die trafen einst die Cilly.
Sie machten für den Sonntag aus:
Wir wandern in den Wald hinaus.
Im Wald jedoch war's finster
und voller Waldgespinster!

Da zitterte die Lilly
und fürchtete sich Cilly.
So kamen sie an einen See:
bestellten Eisbein in Gelee,
dazu ein Gläschen vom Likör,
drauf musste noch die Nachspeis her!

Die Auswahl war sehr clever:
Ein Obatzda mit Pfeffer,
mit Butter, Zwiebeln, Camembert,
mit Birne, Frischkäs und noch mehr.
Es mundete gar köstlich,
die Stimmung war sehr festlich.

Doch dann passiert's – nicht ungewollt,
zieht Billy einen großen Colt,
er trifft die Cilly in die Stirn,
das Blut, es spritzt aus ihrer Birn.
Mit kühler Miene sagt drauf Billy:
»Jetzt gönn ich mir noch einen Willy!«

Birnen-Obatzter mit Schuss

Zubereitung

Camembert mit der Gabel zer-drücken, Frischkäse und Butter untermengen. Zwiebel in feine Ringe und die Birne in kleine Würfel schneiden. Beides unter die Käsemischung geben. Mit Salz, Cayennepfeffer und einem kleinen Schuss Williams-Christ-Brand abschmecken.

Zutaten

(für 4 Personen)
125 g reifer Camembert
60 g Frischkäse
1–2 TL weiche Butter
1/2 Bund Frühlings-zwiebeln
1/2–1 saftige Birne
Salz, Cayennepfeffer
1 TL Williams-Christ-Brand

Wir wünschen allen Leserinnen und Lesern einen Mordsappetit!

Die Autorinnen und Autoren

Friedrich Ani wurde 1959 geboren und lebt in München. Er schreibt Romane, Gedichte, Jugendbücher, Hörspiele und Drehbücher. Seine Romane wurden in mehrere Sprachen übersetzt und vielfach ausgezeichnet. Er erhielt vier Mal den Deutschen Krimipreis und für sein Drehbuch *Süden und der Luftgitarrist* den Adolf-Grimme-Preis. Sein Roman *Süden* stand wochenlang auf Platz 1 der KrimiZEIT-Bestenliste und wurde zum besten deutschsprachigen Kriminalroman des Jahres 2011 gewählt. 2012 erhielt Ani den Bayerischen Fernsehpreis für das Drehbuch *Das unsichtbare Mädchen*. Friedrich Ani ist Mitglied des Internationalen PEN-Clubs.

Willy Astor, Komödiant und Komponist, aufgewachsen in München/Hasenbergl, gelernter Werkzeugmacher und Maschinenbautechniker, spielt Gitarre seit 1977. Besuch diverser Volkshochschulkurse. 1985 tauschte er Beruf gegen Berufung und tourt seitdem durch Deutschland, Österreich und die Schweiz. Von 1990 an arbeitete er zehn Jahre lang bei Antenne Bayern und ist Autor der Comedy-Serie *Die Feuchtgrubers*. 1998 komponierte er den FC-Bayern-Song *Stern des Südens*, es folgte das *Wortstudio* auf Bayern 3. Sein aktuelles Programm *Nachlachende Frohstoffe* ist familientauglich, für Allergiker geeignet, glutenfrei und geht einmal quer durch den Gemüsegarten ... www.willyastor.de

Angela Eßer wurde in Krefeld geboren, studierte Theaterwissenschaft und war als pädagogische Mitarbeiterin an der Münchner Volkshochschule und am Theater tätig. Sie lebt mit ihrer Familie in der Nähe von Augsburg und gibt Krimi-Kochseminare. Außerdem organisiert sie Krimifestivals, ist Autorin diverser Kurzkrimis, Herausgeberin von Krimi-Anthologien sowie Initiatorin von *Bloody Cover* (siehe www.bloodycover.de). Mit ihrer Kurzgeschichte *6 Uhr 23 – Guten Morgen, München* (in: *München blutrot*) war sie für den renommierten Friedrich-Glauser-Preis nominiert. Angela Eßer ist Mitglied im SYNDIKAT, für das sie auch sieben Jahre lang als Sprecherin fungierte.
www.angelaesser.de

Werner Gerl, geboren 1966 in Mainburg, studierte Germanistik und Geschichte. Er hat zahlreiche Artikel als freier Journalist verfasst, Beiträge in den Satire-Magazinen *Titanic* und *Eulenspiegel* geliefert und viele Veröffentlichungen im Schulbuchbereich (Geschichte, Sozialkunde) aufzuweisen. Seine Buchpublikationen umfassen das *WiesnABC*, *Lila Zeiten*, *Mordsgaudi – Geschichten aus dem bayerischen Kriminalstadl* und *Eine Art Serienmörder*. Er ist Mitglied im Syndikat und Mitorganisator des Münchner Krimitags.

Als Kabarettist hat er bereits rund 500 Auftritte im ganzen deutschsprachigen Raum über die Bühne gebracht und verschiedene Kabarettpreise erhalten.
www.wernergerl.de

Michael Gerwien, geboren 1957 in Biberach an der Riß, aufgewachsen in Füssen und Mittenwald, lebt seit 1972 in München. Er hat bisher drei Kriminalromane um seinen Münchner Exkommissar Max Raintaler veröffentlicht: *Alpengrollen, Isarbrodeln* und zuletzt *Isarblues*. Zudem arbeitet er als Texter für verschiedene Fernsehformate und verfasst Artikel für Fachzeitschriften. Auch schreibt und produziert er professionell Musik und steht damit im Studio und auf der Bühne. Kochen gehört zu seinen liebsten Hobbys.
www.mgerwien.de

Bernhard Jaumann wurde 1957 in Augsburg geboren. Er studierte in München und arbeitete danach als Gymnasiallehrer für Deutsch, Geschichte, Sozialkunde und Italienisch, unterbrochen von längeren Auslandsaufenthalten in verschiedenen Ländern. Zurzeit lebt er in Bad Aibling/Bayern und in Montesecco/Italien. Ab 1997 schrieb er eine Krimiserie, deren einzelne Bände jeweils einen der fünf Sinne zum Thema haben und in einer anderen Metropole spielen. Danach machte er das kleine italienische Dorf Montesecco zum Schauplatz einer erfolgreichen Krimitrilogie. Seine neuesten Werke ranken sich um die Windhoeker Polizeiinspektorin Clemencia Garises.

Bernhard Jaumann ist vielfacher Preisträger: Er erhielt für seine Werke 2003 und 2008 den Friedrich-Glauser-Preis und 2009 und 2011 den Deutschen Krimipreis (2. Rang national, respektive 1. Rang national).
www.bernhard-jaumann.de

Thomas Kastura, geboren 1966 in Bamberg, studierte Germanistik und Geschichte und arbeitet heute als Autor für den *Bayerischen Rundfunk*. Seit 1998 veröffentlichte er zahlreiche Erzählungen, Jugendbücher und Kriminalromane, unter anderem *Der vierte Mörder* (Platz 1 auf der KrimiWelt Bestsellerliste) und zuletzt *Das geheime Kind*. Thomas Kastura ist außerdem Herausgeber der bei *ars vivendi* erschienenen Krimianthologie *Tatort Garten* (2012). Neu im Herbst 2012: *Drei Morde zu wenig. Brandeisen & Küps ermitteln*.
www.thomaskastura.de

Lotte Kinskofer, geboren in der Nähe von Regensburg, studierte in München Germanistik, Anglistik und Kommunikationswissenschaft. Sie lebt als freie Drehbuchautorin und Buchautorin in München und schreibt für Kinder, Jugendliche und Erwachsene.
www.lotte-kinskofer.de

Tessa Korber studierte Literatur und Geschichte und arbeitet seit 1998 als freie Autorin. Sie hat historische Romane verfasst, zuletzt *Das letzte Lied des Troubadours* und *Todesfalter*, sowie zahlreiche Kriminalromane. Ihr neuester Krimi heißt *Gemordet wird immer*. Im Herbst 2012 erscheint *Ich liebe dich nicht, aber ich möchte es mal können*, der Bericht über ihr Leben mit ihrem autistischen Sohn. Tessa Korber lebt mit ihrem Lebensgefährten, dem Autor Christian Klier, bei Nürnberg.
www.tessa-korber.de

Barbara Ludwig schrieb bisher drei Kriminalromane, *Tatort Kalabrien – Ein mörderischer Urlaub, Tatort Mallorca – Die Tote in der Mönchsbucht* und *Tatort Oktoberfest – Mörderisches Spiel,* den Erzählband *KrimiGeschichten – Seefelder Tango,* alle auch als E-Books erschienen, sowie ihr autobiografisches Buch *Zum Weinen ist die Zeit zu schade.* Barbara Ludwig wuchs in Berlin auf und lebt heute in München.
www.barbaraludwig.de

Andreas Mäckler, geboren 1958 in Karlsruhe, lebt in Bad Sooden-Allendorf. Er schreibt Kunstbücher, Biografien, Autorenratgeber und Kriminalgeschichten für TV- und Frauenzeitschriften. 1998 erhielt er den Auftrag, einen Designerkrimi zu verfassen, der 1999 unter dem Titel *Tödlich kreativ* publiziert wurde und im Münchner Designermilieu spielt. 2005 gab er in der JVA Landsberg biografische Schreibkurse für Häftlinge. Zurzeit schreibt er mit der Hamburgerin Lady Marleen an einem Dominakrimi.
www.maeckler.com

Beate Maxian, 1967 in München geboren, verbrachte ihre Kindheit in Bayern, Österreich und im arabischen Raum. Sie lebt und arbeitet als Autorin, Moderatorin und Journalistin in Oberösterreich. Ihre Veröffentlichungen umfassen Sachbücher, ein Kinderbuch für die UNICEF, Kriminalromane und Kurzkrimis. Sie ist Initiatorin und Organisatorin des KRIMI LITERATUR FESTIVAL.at und leitet regelmäßig Krimi-Workshops für Jugendliche

(z. B. Talenteakademie OÖ). Außerdem ist sie Co-Herausgeberin der Anthologie *Tatort Salzkammergut* und war von 2009 bis 2011 Glauser-Preis-Jury-Organisatorin in der Sparte Roman.

Mit den Bestsellern *Tödliches Rendezvous* und *Die Tote vom Naschmarkt* startete sie eine Wien-Krimi-Serie mit der abergläubischen Journalistin Sarah Pauli. 2011 erhielt sie das Krimistipendium vom Literaturhaus Wiesbaden ›Trio Mortale‹.
www.maxian.at

Marc Ritter, geboren 1967 in München, wuchs ab dem sechsten Lebensjahr in Garmisch-Partenkirchen auf, wo er nach dem Abitur Zivildienst machte und für eine Lokalzeitung über Politik, Sport und Nachtleben berichtete. Zum Studium von Germanistik, Politikwissenschaften und Werbepsychologie sowie für eine Marketingausbildung kehrte er nach München zurück. Ritter arbeitete als Manager für große deutsche und amerikanische Print- und Online-Medien und war mehrere Jahre als Unternehmensberater tätig. Er wohnt mit seiner Familie in München. Von Marc Ritter erschienen bislang *Josefibichl*, *Transalp* und *Kreuzzug*.
www.marcritter.de

Irene Rodrian ist die erste deutschsprachige Krimiautorin. 1967 bekam sie für ihren Krimi *Tod in St. Pauli* den Edgar-Wallace-Preis. Seitdem hat sie über 20 weitere Krimis geschrieben, zuletzt *Ein letztes Lächeln* aus einer Reihe mit fünf Privatdetektivinnen aus Barcelona.

Außerdem ist sie Verfasserin zahlreicher Kinderbücher Drehbücher. 2007 wurde sie mit dem Ehren-Glauser ausgezeichnet. Sie lebt in München.
www.irenerodrian.de

Frank Schmitter, geboren 1957, absolvierte eine Ausbildung zum Bibliothekar. Seit 2005 ist er Leiter des Literaturarchivs der Stadt München. Er lebt mit Frau und Sohn in Ismaning. Seit 1999 publiziert er Lyrik und Prosa. Er hat drei Kriminalromane verfasst, zuletzt *Die Narbe* (2011).

Leonhard Michael Seidl wurde 1949 in München geboren und lebt nun mit seiner Familie bei Erding. Er schreibt Theaterstücke, Lieder und Romane und ist Träger des Walter-Serner-Preises des Senders Freies Berlin sowie des Volkstheaterpreises des Landes Baden-Württemberg. Er war lange Jahre Gitarrenlehrer an der Kreismusikschule Erding.
www.lmseidl.oyla.de